VINDOBONA

VERLAG · SEIT 1946

AF155454

VANDA DE LUCA

AUF ZU NEUEN WEGEN

Nutze den Augenblick

VINDOBONA
VERLAG · SEIT 1946

Bibliografische Information
der Deutschen Nationalbibliothek:

Die Deutsche Nationalbibliothek
verzeichnet diese Publikation in
der Deutschen Nationalbibliografie.
Detaillierte bibliografische Daten
sind im Internet über
http://www.d-nb.de abrufbar.

www.vindobonaverlag.com

© 2024 Vindobona Verlag

ISBN 978-3-903574-52-6
Lektorat: Dr. Annette Debold
Umschlagfoto:
Repkina Elena | Dreamstime.com
Umschlaggestaltung, Layout & Satz:
Vindobona Verlag
Innenabbildung & Autorenfoto:
Vanda De Luca

Gedruckt in der Europäischen Union
auf umweltfreundlichem, chlor- und
säurefrei gebleichtem Papier.

Inhaltsverzeichnis

Vorwort

Liebe Leserin, lieber Leser,

willkommen im Reich des Lichts und der Liebe. Wir haben uns hier in diesem mehrseitigen Werk zusammengefunden, um den ursächlichen Dingen auf den Grund zu gehen. Du hältst nicht ohne Grund diese Zeilen in deinen Händen. Wahrscheinlich bist du genau wie viele andere Seelen auf der Suche nach der Wahrheit in deinem Leben. Lasse dich von diesen Zeilen inspirieren und vielleicht auch zum Nachdenken animieren. Es sind sehr viele Fallbeispiele in diesem Werk beinhaltet. Beispiele, die das ganz normale Leben und Erleben eines Wiedergeborenen darstellen sollen. Mit all den kleinen und großen Hürden, die uns das tägliche Leben so stellt. Ein Buch, welches aktuelle Situationen und Lebensweisen beschreibt, ein Buch, das aufrütteln soll und vielen Seelen den Weg aufzeigen kann. Die Fallbeispiele, wahre Begebenheiten unserer zahlreichen Leben, die alltäglich auf unserer Erde, auf Mutter Gaia, die uns diese Existenz zur Verfügung stellt, gelebt und erfahren werden. Leben, die auf eindrückliche Art und Weise schildern, wie das Prinzip der Reinkarnation gemeint ist und erlebt werden kann. Auf unterschiedlichste Art und Weise, jedes mit seinem ganz besonderen Auftrag und den damit verbundenen Erfahrungsmöglichkeiten. Lasst uns sehen, wie sich „Leben" gestalten kann. Schnuppert hinein in dieses Prinzip.

Lasst euch aufrütteln und nachdenklich machen. Lasst euch dazu auffordern, den Sinn zu erkennen. Nur das ist Sinn und Zweck dieses Buches.

Ich habe mich beim Schreiben dem Wunsch des Channels gebeugt, welches viel Wert auf die einfache Schreibform legt. Ein leichtes Vermitteln des Gemeinten, ein leichter Transfer von Wissen. Meinem Channel war es wichtig, dass es jeder verstehen kann. Übergeordnete Prinzipien wie der göttliche Funke und dergleichen kommen nicht zur Sprache, sondern nur das reine Erfahren und Lernen auf unserer Mutter Erde. Wie ich finde, eindrücklich beschrieben. Ich danke meiner Co-Autorin für die Umsetzung.

Sananda

Die Frage der Existenz

Wenn wir nun mit dem Thema Existenz beginnen, so müssen wir feststellen, dass aus der „irdischen" Sicht ein vollkommen anderes Verständnis dazu herrscht. Existenz ist in eurem Sinn eine materielle Erscheinung, die einen Körper umfasst. Dieser Körper besteht aus vielerlei Bestandteilen. Das Wichtigste von allem – Wasser, das Lebenselixier; wenn es das nicht gäbe, wäre Existenz in eurem Sinne nicht möglich. Der zweite Aspekt ist der feste Bestandteil. Zusammengesetzt aus den Knochen, den Sehnen, den Muskeln und all jenen Bausteinen, die das „Gerüst" zusammenhalten.

Das Allerwichtigste fehlt hier jedoch. Lasst uns zur Energie kommen. Energie ist der Treibstoff, der diese „Hülle" betreibt. Ähnlich wie bei einem Auto das Benzin. Energie ist etwas, was für jede Existenz Grundvoraussetzung ist. Ohne sie gäbe es keine Menschen und andere Lebewesen. Energie ist ein wichtiger Bestandteil, der es erst möglich macht, diesen Körper funktionieren zu lassen. Lasst uns sehen, wie es zustande kommt.

Gehen wir davon aus, dass jede einzelne eurer Zellen kleinste Teile enthält, die durch einen stetigen Austausch und Wechsel ihrer Energie dafür sorgen, dass Bewegung entsteht. Bewegung, die dafür da ist, dass Zellen versorgt werden, Körperwärme entsteht, der Flüssigkeitsaustausch stattfindet, Hormone ausgeschüttet werden usw. Energie, die eure Zellen und Funktionen belebt, aber nicht von ihnen abhängig ist. Worauf ich hinauswill, ist, dass Energie ein lebensnotwendiges Elixier ist, trotzdem völlig unabhängig von einem Körper existieren kann.

Ein Körper ist wie gesagt nur die Hülle, eine Wohnung, in dem der Energieaustausch stattfindet. Ähnlich wie bei einem Auto.

Die Voraussetzung, dass Energie zur Aktivierung eurer Körperfunktionen eingesetzt werden kann, ist in eurem Fall die Zeugung und Geburt. Im Universum existiert sie bereits als fester Bestandteil. Viele Wissenschaftler haben immer wieder versucht herauszufinden, woher diese Energie kommt. Die Energie, die all das Leben bestimmt und versorgt. Da kann ich dir nur sagen: „aus einer Quelle, die niemals versiegt"! Energie ist unendlich. Ein ewiger Kreislauf, der niemals stillsteht.

Der Mensch will Dinge immer begründen, Ursprünge und Ursachen dafür erkennen. Euch den Ursprung von Energie zu erklären würde eure „momentanen" geistigen Kapazitäten überfordern. Drum seid euch gewiss, sie existiert und wird niemals enden.

Auch die Zeit ist eine Form von Energie. Zeit, wie Einstein schon sagte, ist relativ. Eine fließende Bewegung von Folgen, die mit eurem Verständnis nacheinander ablaufen.

Was würdest du sagen, wenn du wüsstest, dass alles gleichzeitig passieren kann? Abfolgen vielleicht nur der Auslöser für Ursachen sind. Verwirre ich dich?

Sicherlich ist es eine etwas unverständliche, in eurem Sinn nicht nachvollziehbare Denkweise. Betrachten wir den Begriff „parallel", welcher bedeutet, dass etwas nebeneinander und gleichzeitig passiert oder existiert.

Euer Denken ist überwiegend linear aufgebaut. Parallel kann aber auch bedeuten, dass etwas, obwohl es nicht miteinander direkt verbunden ist, trotzdem ursächlich miteinander verstrickt sein kann. Kaum verständlich, wenn man linear denkt. Deine Ursache, so wie du sie heute erlebt hast, ist ein Auslöser von vielerlei Dingen, die zu eurem jetzigen Lernen beitragen.

Darum behaupte ich, dass „gleichzeitig" ein Begriff ist, den es so nicht gibt!

Lasst uns zu einem Beispiel kommen:
Gehen wir davon aus, verschiedene Personen stehen an einer Ampel. Die Ampel wechselt ihr Zeichen von Rot auf Grün. Fast gleichzeitig wechseln ein Mann, ein Junge und eine Frau die Straßenseite. Jeder in seinem Tempo. Jeder mit einem anderen Ziel. Es ist die gleiche Straße, die gleiche vermeintliche Zeit, und trotzdem sind es völlig unterschiedliche Situationen und Begebenheiten. Wenn du die einzelnen Personen befragen würdest, mit wem sie gerade die Straßenseite gewechselt haben, könnten sie dir mit Sicherheit nicht antworten. Und so kommt es, dass der Mann zur Arbeit geht, das Kind zum Fußballspielen und die Frau will noch Besorgungen tätigen. Drei fast identische Aktionen (die Überquerung der Straße) mit doch völlig unterschiedlichen Ausgangspunkten.

Noch ein Beispiel:
Nehmen wir ein Haus. Ein Haus, das sich im Wesentlichen nicht von anderen Häusern unterscheidet. Es verfügt über mehrere Etagen sowie einen Eingang. Auf jeder dieser Etagen leben Leute. Jeder für sich, in seinem eigenen Reich. Der eine lebt im Dachgeschoss. Eine Zweizimmerwohnung, klein und gemütlich. In einer anderen Etage lebt eine Familie. Vier Zimmer, mehr Quadratmeter, die dieser Familie andere Wohnmöglichkeiten bietet. Und so ließe sich jede einzelne Etage beleuchten.

Auf was ich aber hinauswill, ist – es bleibt immer das gleiche Haus und derselbe Eingang, durch den die Leute, tagein, tagaus das Haus betreten und verlassen. Und obwohl sich diese Menschen ab und zu treffen, sich vielleicht austauschen, leben sie trotzdem ihre unterschiedlichen Leben, ohne dass die anderen etwas davon mitbekommen.

Was ich dir nun damit sagen will, ist – das und vieles mehr passiert nicht nur auf Gaia, sondern auch auf anderen Planeten, in anderen Sonnensystemen, Universen, und alles passiert gleichzeitig. So einfach ist diese Gleichheit. Um das ganze Prinzip etwas deutlicher zu erklären, benötige ich eure Offenheit und die Bereitschaft, Möglichkeiten in Betracht zu ziehen, die euch momentan vielleicht noch sehr unwahrscheinlich vorkommen. Was würdet ihr dazu sagen, wenn ich euch mitteile, dass es verschiedene Ebenen der Erfahrung gibt? Zeitebenen, die es, um genau zu sein, möglich machen, gleichzeitig eine Existenz als „Ritter" im Mittelalter zu erfahren sowie aber auch eine Existenz in der französischen Renaissance zu erleben. Na, wie wäre das? Ich muss fast ein bisschen lächeln, bei dem Gesicht, das Ihr jetzt macht. Nachdem ihr ja bereits wisst, gibt es die Zeit, so wie ihr sie kennt, nicht. Eure Existenzen sind völlig unabhängig von eurer Zeit, die es nirgendwo so gibt wie bei euch. Was würdet ihr sagen, wenn ich behaupte, dass eure Existenz, wie bereits beschrieben, völlig unabhängig von eurem Körper, von eurem Wesen, von eurer Seelenessenz ist? Existenz ist etwas viel Umfassenderes. Für euch, mit eurem momentan begrenzten Denken, kaum vorstellbar.

Eure Existenz ist zusammengesetzt aus verschiedenen Faktoren. Zum einen ist das erst einmal euer Körper. Ein Körper, der ausgestattet ist mit verschiedenen Merkmalen. Die Hautfarbe, die genetische Veranlagung, das Aussehen, der Typ, die Größe und all das, was euren Körper, euer momentanes Haus, eure Hülle ausmacht. Fahren wir fort!

Eure Hülle ist zusammengesetzt aus einzelnen Zellen. Zellen, die, jede einzigartig in ihrer eigenen Funktion, einen gewissen Sinn ergeben. Zellen, die sich zu Knochen zusammensetzen für euer Grundgerüst. Zellen, die sich zu Organen vereinigen, um die Funktionen und die Abläufe eures Stoffwechsels zu gewährleisten. Zellen, die extra dafür entstehen um zu regeln, aufrechtzuerhalten und das Wohlbefinden dieses Körpers bzw. das Gleichgewicht herzustellen.

Lasst uns noch ein Stück weitergehen. Sehen wir uns nun die zahlreichen Organismen an. Alle arbeiten auf eine ähnliche Art und Weise wie das Konstrukt, das ich eben beschrieben habe. Darin ähnelt ihr euch. Jeder einzelne Organismus mit seinen über- und untergeordneten Funktionen.

Lasst uns noch einen Schritt weitergehen. Das Universum. Wie eingangs bereits erwähnt, ist auch dies ein System, das ähnliche Abläufe verzeichnet, wie eben aufgezeigt. Ein komplexes Konstrukt, in dem alles ineinanderfließt. Ein stets fließender Vorgang. Das eine vom anderen abhängig. Und genau um dieses Wissen geht es auch bei eurer Bewusstseinsveränderung. Zu wissen, dass alles ineinanderfließt und voneinander abhängig ist. Alles kann zusammenhängend gesehen werden. Die Gemeinschaft und die Aufgaben, die damit verbunden sind. Die Gemeinschaft, auf die es ankommt. Seid ganz ehrlich zu euch! Ihr könntet viel mehr erreichen, würdet ihr es gemeinsam tun. Richtet eure Gesichter in Richtung Sonne, richtet eure Gesichter in Richtung Frieden. Richtet eure Gesichter in Richtung Freiheit. Das ist das, worauf es ankommt. Gemeinsam seid ihr stark!

Versucht eure kranken Systeme zu betrachten und zu überdenken. Systeme, die reibungslose Vorgänge aufweisen können, sind eure Zukunft. Systeme, die von Selbstbestimmung und Lebensfreude geprägt sind, garantieren ein harmonisches Miteinander und werden in Zukunft weiterbestehen. Systeme, die durch Disharmonie gekennzeichnet sind, die ihre Arbeiter unter Druck und in Angst halten, werden dem Untergang geweiht sein. Darum glaubt immer daran, das Gute wird der Gewinner sein. Haltet euch in dem Glauben, dass Systeme der Angst nicht länger bestehen können.

Die Sprache der Energie

Symbole sind eine Form von Sprache. Sprache, die sehr universell sein kann. Ein Symbol umfasst vielerlei Bedeutungen. Zum einen das Thema, die Meinung zu diesem Thema, eine Form und eine Aussage. Nun betrachten wir uns einmal das Kreuz. Das Kreuz ist ein Symbol mit vielerlei Aussagen, Meinungen und Bedeutungen. Weltweit hat das Kreuz sehr unterschiedliche Bedeutungen. Meist wird es mit dem Thema Frieden verbunden. Religion ist auch eine Aussage, die mit dem Kreuz in Verbindung gebracht wird. Leider aber auch Leid und Schmerz, wie in meinem Fall.

Ich sage euch. Überdenkt dieses Symbol neu, haltet Ausschau nach Symbolen der Liebe. Betrachtet die Taube. Sie symbolisiert zum einen ein Geschöpf der Natur, steht für Freiheit und Zuversicht. Sehr oft lässt sich beobachten, wie zu bestimmten Anlässen eine oder mehrere Tauben in die Freiheit entlassen werden. Symbolisch für freie Gedanken, freies Handeln und Tun. Ein wunderbares Symbol, das einem freien Geist entspricht.

Betrachten wir nun das Symbol Kreis. Ein ewig währender Kreislauf? Ein ineinander weiterlaufender Gedanke oder Kreislauf. Habt ihr schon einmal darüber nachgedacht, dass ein Kreis aber auch symbolisiert, dass sich nichts verändern kann! Man dreht sich quasi im Kreis. Ein immer wiederkehrender Prozess. Leider geht es vielen von euch so. Die Chance für eine Veränderung ist, unter diesen Umständen, nicht in Sicht. Diesen Denkkreis zu durchbrechen, erfordert Mut und Zuversicht. Aber vor allem Vertrauen. Unsere Aufgabe in nächster Zeit wird sein, eure Denkkreise zu durchbrechen. Die Abfahrt auf eine andere „Denkautobahn" aufzuzeigen. Ja, das ist unsere Aufgabe.

Eine weltbewegende Frage, die eine große Anzahl von euch in dieser Existenz bewegt, ist euer Weiterkommen. Das Leben auf eurer Ebene zeigt momentan große Veränderungen an. Veränderungen, die Angst machen und z. T. Panik erzeugen. Ich sage euch: „Habt keine Angst!" Dieses Gefühl „Angst" blockiert euer Weiterkommen. Wie wäre es mit Neugier. Neugier macht die Bahn frei für etwas, was euch interessiert, das euch froh stimmt. Neugier ist der Ausdruck für „neu", und „Gier", sagt euch das etwas?

Gierig zu sein, etwas nicht erwarten zu können.
Etwas Schönes und Neues erleben zu können.
Etwas, das euch positiv gestimmt in „eure" Zukunft
gehen lässt.

Angst blockiert und versperrt euch den Weg zu Neuigkeiten und Möglichkeiten. Wichtige Wege, die euch weiterbringen könnten. Ihr könnt gespannt sein, wie sich alles bewegt. Seid euch bewusst darüber, dass ihr die wesentlichen Schritte plant und geht. Es geschieht nichts, ohne dass ihr das wollt. Wenn ihr diesen Glauben fest verankert, hilft es euch, eure Ängste zu kontrollieren.

Der Weg, den ihr gehen könntet, wird eurem Tempo angepasst. Es wird nichts geschehen, mit dem ihr nicht konform geht. Bedenkt bitte, dass alles in eurem Sinn und zu unserem gemeinsamen Zweck geschieht. Ihr habt so entschieden!

Alles, was passiert, wird Bewegung in etwas bringen, was dringend nötig war. Die Umsetzung eurer positiven Gedanken wird den Rest erledigen.

Holt euch Hilfe und Rat bei den vielen Medien, die euch zu Verfügung stehen. Sie arbeiten für uns, stellen Leitungen zur

Verfügung. Sie sorgen für Trost und Zuversicht. Traut euch mit euren Problemen zu einem Menschen, der die Verbindung zu uns herstellen kann. Er ist nur für diesen Zweck von uns zur Verfügung gestellt worden. Weit entwickelte Seelen, die schon sehr viel hinter sich gebracht haben, sie wissen, von was sie reden.

Trotzt den Widrigkeiten des Lebens! Habt Mut in eurem Bestehen, nehmt Herausforderungen an! Wir werden an eurer Seite sein. Das Rad der Veränderung dreht sich immer schneller. Das Rad der Veränderung bringt Neuigkeiten und ein neues Leben miteinander. Unterstützung, Frieden und Freude werden alsbald euer Lebenstenor sein. Euch gegenseitig zu unterstützen, ein Punkt, der jetzt nur von ganz wenigen bereits gelebt wird.

Freude, die nur von wenigen von ganzem Herzen empfunden wird. Zuversicht, die nur wenige von euch geben können, das alles ändert sich, Stück für Stück. Ein neues Leben ist in Sicht!

Verliere nie den Mut

Die meisten Menschen, denen ihr heutzutage begegnet, sind oft von ihren Ängsten geprägt. Angst, ein Zustand, der von unserer Seite aus gesehen wie ein fester grauer Schleier wahrgenommen wird. Ängste, Blockaden, alles negative Energien, die euch nicht weitergehen und entwickeln lassen. Sie hindern euch daran, über jene Brücken zu gehen, die euch auf den ersten Blick etwas wacklig erscheinen, euch nicht erahnen lassen, wie es dahinter weitergehen kann. Aber genau da setzt euer Vertrauen ein! Zu wissen, dass es weitergeht. Nur so könnt ihr euch bewegen, könnt ihr etwas bewegen!

In nächster Zeit werden einige von diesen Brücken auf euch zukommen. Passagen eures Weges, die für jeden Einzelnen von euch ein Stück Herausforderung werden. Wege, die scheinbar ins Nichts führen. Aber denkt immer daran, es gibt kein Nichts! Da, wo etwas endet, fängt immer etwas Neues an. Das ist das Gesetz in dem kosmischen Gesetz. Die Ursache ist das Ende, die Wirkung darauf ein Anfang eines Endes. Es beginnt alles so, wie es endet. Seid ihr verwirrt?

Lasst uns zu einem Fallbeispiel kommen:
Wir gehen davon aus, dass ihr bemüht seid, etwas in Gang zu bringen. Gehen wir davon aus, dass es sich um etwas ganz Triviales handelt, wie z. B. einen Einkauf zu tätigen. In eurer Zeit eine ganz simple Sache. Ihr überlegt euch, was ihr braucht. Ihr denkt darüber nach, wo ihr die Produkte einkauft? Ihr macht euch Gedanken darüber, wie ihr dort hingelangt? Das Einzige,

was ihr euch noch fragen solltet: Habt ihr genügend Geld dabei oder eine Möglichkeit es zu bezahlen?

Nun fahrt ihr los. Das Ziel soll sein – ihr geht einkaufen. Ihr setzt euch also in euer Auto und begebt euch auf die Straße. Die Straße, die euch in alle Richtungen bringen kann. In jene Richtung, wo ihr euren Einkauf tätigen könnt. Aber sie kann euch auch in eine Richtung führen, die euch ganz woanders hinbringt. Vielleicht zur Arbeit? Vielleicht in den Urlaub? Vielleicht wollt ihr aber nur einen Besuch machen? Aber halt, da war doch was! Eigentlich wolltet ihr ja einkaufen gehen. Und so geht es vielen von euch! Sie verlieren allzu schnell ihr Ziel aus den Augen. Das Ziel, was in diesem Moment eigentlich wichtig wäre. Der Kühlschrank ist leer! Ihr braucht Obst und Gemüse usw. Und trotzdem gibt es einige von euch, die dann einfach auf die Straße in Richtung Urlaub abbiegen. Teils aus Bequemlichkeit (im Urlaub kocht man selten selbst!). Teils aus der Sehnsucht nach etwas anderem. Ihr neigt dazu, die Aufgaben, die euch nicht so liegen und eher lästig sind, die Arbeit mit sich bringen, zu vermeiden. Den Weg zu verlassen – vom Weg abzukommen, ja das passiert vielen von euch. Es ist immer der Weg, der euch etwas Arbeit bringt, z. B. einzukaufen, zu kochen. Aber bedenkt bitte stets Ihr werdet anschließend satt sein! Es handelt sich dabei um jenes Sättigungsgefühl aus dem Wissen heraus, dass ihr das bekommen habt, was in dem Moment wichtig war. Urlaub hat auch seine Berechtigung, aber nur wenn die Zeit dafür gekommen ist. Haltet es mit eurem Urlaub genauso wie mit vielen anderen Dingen, die ihr euch gönnt. Nehmt es als Belohnung für die getane Arbeit. Für eine Arbeit, die vielleicht nicht immer eurem Willen entspricht. Arbeit, die meist etwas Anstrengung mit sich bringt. Arbeit, die euch dazu veranlasst, Dinge tun zu müssen, die momentan nicht euer Begehren sind. Aber ich sage euch, ihr seid nach getaner Arbeit satt. Ihr wisst, wovon ich spreche!

Nun wenden wir uns noch einem Thema zu, das sehr wichtig wäre zu beachten, wenn ihr einen neuen Weg beschreitet.

Fleiß, eine Eigenschaft, die nur noch sehr wenige von euch aufweisen. Und dabei meine ich nicht den Fleiß, den man durch Arbeit erreicht. Nein, ich meine den Fleiß, den ihr aufweisen solltet, wenn ihr euch weiterentwickeln wollt. Entwicklung ist eine Fähigkeit des Weiterbestehens. Entwicklung lässt Veränderungen zu! Veränderungen, die euch stetig weiterführen, näher zu euch selbst. Dazu ist es nötig, dass ihr hinhört. Bewusst zu hören und zu sehen sind Fähigkeiten, die nur sehr wenigen von euch gegeben sind. Im herkömmlichen Sinn könnt ihr selbstverständlich sehen und hören, falls es euer Lebensplan nicht anderes vorgesehen hat. Aber wie hört und seht ihr?

Zu hören, was gesprochen wird, nicht immer nur durch Worte. Zu sehen, was gegeben ist. Nicht immer nur durch Taten. Ja, ich weiß, wie es um euch steht. Ja, ich weiß, wie es euch geht. Hört und seht, und es wird euch besser gehen. Nehmt wahr und seht! Es wird euch gezeigt, wo ihr hinsehen müsst. Hört hin, wo ihr hinhören solltet. Ihr erhaltet die einmalige Chance, euch und euer Leben zu ändern. Wir sind an eurer Seite.

Denken wir nun darüber nach, wie es ist, wenn euer Leben, wie es gefühlsmäßig meistens so ist, nicht nach Plan verläuft. Es passieren Dinge, die euch erstarren lassen. Die dazu führen können, dass ihr sehr lange in einem Zustand verweilt, der im Grunde eurer Seele gar nicht guttut.

Ich spreche von den Themen wie Verlust und Krankheit, Arbeitslosigkeit und dem Gefühl, die Kontrolle über das Leben verloren zu haben. Themen, die euch wie ein Stein im Magen liegen, Themen, die euer Nervenkostüm extrem belasten. Themen, die euren Rücken, aber auch den Kreislauf in eine Art Instabilität bringen. Dies zeigt sich durch Herzrhythmusstörungen, Rückenschmerzen und Bandscheibenvorfälle. Es gibt vielerlei „Ausfälle", die euch zeigen sollen, dass ihr den Bogen überspannt habt. Leider ist es meist so, dass sogenannte Warnsignale in der Regel missachtet oder schlichtweg übersehen werden. Warnsignale, die euch eigentlich eindeutig darauf hingewiesen haben, dass ihr nicht im Lot sind. Habt ihr schon einmal hingehört. Habt ihr „sie", habt ihr „euch" schon einmal so wahrgenommen?

„Wahr" und „nehmen". „Wahr" von Wahrheit, „nehmen" von etwas bekommen.

Wie war das noch mal mit den Signalen? Sie werden euch gegeben. Euer Körper verrät euch die Wahrheit über eine Situation, eine Begebenheit, eine Interaktion, die nicht eurem Selbst entspricht. Wahr sein mit dir selbst. Eine wichtige Eigenschaft, die euch dazu bringen soll, zu erkennen. Zu erkennen, ob etwas richtig oder etwas falsch ist. Wahrheit nehmen heißt, etwas zu nehmen, das sich für dich, für dein Selbst richtig anfühlt. Eigentlich ist es doch gar nicht so schwer, das Richtige zu tun. Ehrlich mit dir selbst zu sein, dir das zu geben, was du benötigst, dir das vorzuenthalten, was dich schädigt.

Viele von euch haben noch nicht gelernt, Grenzen zu ziehen.

Grenze, ein Begriff für eine Abteilung bzw. Einteilung von einem Gebiet, einer Räumlichkeit, aber auch Land.

Sei dir darüber bewusst, dass auch du jemand bist, der sich auf eine gewisse Art und Weise abgrenzen sollte. Eine Grenze zu ziehen heißt, sich zu schützen. Schutz ist nicht unbedingt ein positiver Begriff, er kommt zum Teil aus der Abteilung Angst. Doch bedenke bitte, in Notlagen hat Angst durchaus ihren Sinn.

Betrachten wir die feinstofflichen und zellulären Vorgänge der Angst. Angst bewirkt, dass man feinfühliger wird, man streckt quasi seine Fühler aus. Ähnlich wie bei Tieren, die auf der Lauer liegen. Sinne wie Schmecken, Riechen, Hören und Fühlen und natürlich auch das Sehen auf volle Leistung gebracht zu haben. Abläufe eures Körpers, die unter Angst sehr gut funktionieren. Dafür sorgen bestimmte Hormone. Cortisol, ein Hormon, das genauso wie Adrenalin euren Stoffwechsel beeinflusst. Das Herz schlägt schneller, die Muskeln spannen sich an. Ihr beginnt aufmerksamer zu werden, besser wahrzunehmen. Und schon wieder sind wir bei diesem Wort „wahrnehmen".

Nutzt diese Fähigkeit auch in angstfreien Situationen. Schaut hin, fühlt, schmeckt, riecht, spannt eure Muskeln an, schenkt diesem Gefühl, das euch als erstes in den Sinn kommt, Beachtung. Es wird euch leiten, es wird euch zeigen, ob ihr auf dem Holzweg seid. Es wird euch darauf hinweisen, dass die Situation sehr oft nicht so ist, wie sie zu sein scheint. Benutzt es, euer Bauchgefühl! Eine wertvolle Fähigkeit, die euch sicher durchs Leben gehen lässt. Ihr werdet feststellen, dass ihr diesem Bauchgefühl vertrauen könnt. Es wird euch leiten auf einem sicheren Pfad.

Erkennen, eine Gabe, die nicht jeder hat

Wenn ich noch einmal das Thema Hören und Sehen aufgreife, so sind diese angeborenen Sinne eine Grundvoraussetzung dafür, dass ihr erkennen könnt. Erkennen im positiven Sinn ein Endresultat dieser beiden, bereits fest verankerten Fähigkeiten. Doch leider muss ich sagen, ist die Eigenschaft zu erkennen nicht sehr vielen Seelen hier auf eurer Ebene zu eigen geworden.

„Hinzusehen" wäre die Grundvoraussetzung für dieses Erkennen. Die Wirklichkeit zu sehen, eine Fähigkeit, die für viele Seelen auf eurer Ebene unmöglich ist. Das Hinsehen ist manchmal ein schwieriger Prozess! Das HINSEHEN lässt euch im Idealfall erkennen, in welchem Defizit ihr lebt. Hin-Sehen, zwei Worte mit zwei völlig unterschiedlichen Bedeutungen.

„Hin" ist eine Richtungsangabe zu einer Entwicklung,
Situation oder Begebenheit. Sehen ist eine Fähigkeit,
zu der eigentlich jeder von euch in der Lage wäre,
wenn er gesunde Augen hat.

Aber Auge ist nicht gleich Auge. Es gibt aufmerksame Augen. Augen, denen nichts entgeht. Augen, die es sich zur Angewohnheit gemacht haben, genau hinzusehen. Zu ergründen, um welchen Vorfall es geht, was für eine Situation vorherrscht, und vor allem um zu sehen, wie es den Menschen, den Tieren dabei geht. Es gibt nicht viele Menschen, die das können. Diese Fähigkeit ist eine Gabe. Eine Gabe ist eine Ableitung von „geschenkt bekommen". Etwas geschenkt bekommen heißt, dass ihr es euch verdient habt. Sich etwas verdienen ist abgeleitet aus eurem Prinzip der Arbeit und dem daraus entstandenen Belohnungs-/ Entlohnungsprinzip. Etwas zu tun, um sich infolgedessen etwas zu verdienen. Daraus abgeleitet ist die Gabe also etwas, was ihr euch selber erarbeitet habt. Arbeit, die damit verbunden war, dass ihr sehr viele Leben immer wieder damit verbracht habt, hinzusehen. Zu sehen, wie es den Menschen, den Tieren und der Natur geht, aber auch zu erahnen, dass etwas nicht so ist, wie es zu sein scheint.

Du siehst, man kann das Wort SEHEN auf vielerlei Art erklären. Wenn wir noch einmal zu dem Wort „erkennen" zurückkehren, so stelle ich fest, dass Erkennen auf verschiedenen Ebenen stattfinden kann. Diese Ebenen sind euch momentan, mit euren „begrenzten" geistigen Fähigkeiten, noch gar nicht so bewusst. Erkennen kann auch in einem ganz anderen Rahmen stattfinden. Was würdet ihr sagen, wenn ich euch mitteile, dass sich eure Wahrnehmung in nächster Zeit verändern wird?

„Wahrnehmen", schauen wir uns dieses Wort noch einmal an. Es beinhaltet das Wort „wahr" und „nehmen". Wahr, von Wahrheit abgeleitet, etwas, das in eurem Sinne der Realität, eurer Realität entspricht. „Nehmen", das Gegenteil von Geben. Ein Wort, das beinhaltet, dass man sich etwas zukommen lässt. Nehmen, ein anderes Wort für bekommen, aus einer eigenständigen Sichtweise heraus gesehen.

„Wahrnehmen", ein Wort mit vielerlei Bedeutung. Wie ihr es interpretiert, habe ich euch erklärt. Nun zu unserer Version. Eine Sichtweise, die sich erheblich von eurer abhebt. Wahr von wahrhaftig, eine Bedeutung, die auf einmal völlig anders ist. Eine Bezeichnung für einen sehr positiven Zustand. Einen Zustand, der euch Zuversicht verspricht. Einen Zustand, der eine gewisse Heiligkeit darstellt. Einen Zustand, in dem man sich befindet, wenn man sich gefunden hat. Das ist das, was wir dem Wort gleichsetzen. Übt euch darin, mit euch ins Wahre zu kommen. Zu erkennen, wer ihr in Wirklichkeit seid, und dann nehmt euch das, was ihr dafür braucht. Natürlich eine ganz andere Weise der Betrachtung. Wahrhaft, wahrhaftig!

Eure Aufgabe in nächster Zeit wird sein, hinzusehen. Denen diese Gabe noch nicht gegeben ist, beizubringen, wie sie es erlernen können. Durch Fühlen, Hören, Schmecken und vor allem nicht die Augen davor zu verschließen. Ja, das ist in nächster Zeit eure Aufgabe. Wir werden euch dabei begleiten. Wendet euch an die vielen Seelen, die in unserem Auftrag handeln. Die diese Gabe zu sehen meisterhaft beherrschen. Ein Ergebnis ihrer vielen Leben; der Erfahrungen, die sie dabei machen konnten. Sie bewahren einen Schatz voller Information. Lasst euch durch sie begleiten, dafür sind sie da. Sie arbeiten in unserem Auftrag. Haltet die Augen auf, wir zeigen euch, wie ihr zu ihnen kommt.

Ein weiteres Thema, das ich noch andeuten möchte, ist die Eitelkeit. Eitelkeit, ein Attribut, das manchmal zu Verwirrungen führt. Lasst uns hinsehen, was ist eitel? Ihr würdet dieses Wort vielleicht mit Schönheit verbinden. Ein Mensch, der was auf sich hält, ist eitel. Eitel, was für ein Wort! Kann es vielleicht sein, dass dieses Wort Eitelkeit von etwas ganz anderem abgeleitet ist? Wie wäre es mit dem Wort Scheitel. Das Wort Scheitel beinhaltet das Wort eitel, meint aber etwas ganz anderes. Der Scheitel, sinnbildlich eine Teilung eures Haares. Das Haar, der Ausdruck eurer Schönheit. Haar, das, wenn es ausfällt, in euren Augen nicht gerne gesehen wird. Haare, deren Verlust als Abschied von Schönheit und Gesundheit betrachtet wird. Könnt ihr euch vorstellen, dass es Existenzen gibt, die Haare so wie ihr gar nicht besitzen? Deren Hülle ein ganz anderes Kleid darstellt. Auch sehr funktional, aber anders. Es unterscheidet sich in der Konsistenz, Gestalt, Zusammensetzung. Die Farbe weicht von der euren ab. Aber trotzdem ist es ein Kleid, eine Hülle, die wärmt und atmet. Die rein äußerlich Eitelkeiten zulassen würde. Ich glaube, wir müssen das Wort Eitelkeit neu definieren, es ist ein Ausdruck von einer Eigenschaft, die nicht unbedingt positiv ist, die nur Äußerlichkeiten zum Schein trägt, nicht das zeigt, worauf es ankommt. Bedenkt bitte immer – der Kern, euer wahrer Geist, die Liebe, die ihr in euch tragt, die vielen Erfahrungen, die ihr im Laufe eurer vielen Leben gesammelt habt: Bewahrt sie wie einen Schatz, denn das ist eure wahre Schönheit.

Einen unscheinbaren Gruß
Euer Sananda

Vertrauen ist nicht gleich Erkennen

Lass uns noch einmal zu einem Thema zurückkehren, das wir ansatzweise bereits betrachtet haben. Es gibt etliche Erklärungsprinzipien dazu. Schauen wir uns eines davon einmal genauer an.

Erkennen, ein Thema, das von vielerlei Sichtweisen aus betrachtet werden kann. ER-KENNEN. Lass uns dieses Wort einmal näher anschauen.

Er, eine Bezeichnung für eine Person. Er – in eurem Sinne sehr männlich ausgelegt. Kennen – eine Bezeichnung dafür, mit jemand vertraut zu sein. Vertrauen, ein Thema, das wir bereits betrachtet haben.
Nun aber sage ich euch, dass „Kennen" in einem anderen Sinn als „Kennung" oder eine Art Code betrachtet oder erkannt werden kann.
Eigenschaften, Verhaltensweisen oder der Bereich, in dem jemand tätig ist.
Wie etwa ein Beruf. Erkennen, ein Begriff, der vielerlei Bedeutungen haben kann.

Gehen wir nun zu einem Beispiel, das jedem von euch sehr bekannt vorkommen dürfte.

Mal angenommen, ihr bekommt einen Anruf. Der Anruf eines Freundes, ihr habt ihn in gewisser Weise erwartet. Das Telefon klingelt – ihr hebt ab. Im gleichen Augenblick wisst ihr, ohne dass dieser Freund nur ein Wort gesprochen hat, dass er etwas Wichtiges zu erzählen hat. Meist, und ich sage meist deswegen, weil es voraussetzt, dass ihr eure Wahrnehmung „angespannt" habt. Das heißt – eure Sensoren arbeiten auf Hochtouren. Ihr fühlt, ihr seht, ihr ahnt. Wir waren wie gesagt bei diesem Anruf. Bevor dieses Telefon klingelt, wart ihr bei euch. Ihr habt alltägliche Dinge in eurem Leben gemacht. Zum Beispiel gegessen. Nun klingelt dieses Telefon. Manchmal passiert es, dass bereits beim Klingeln ein flaues Gefühl in eurem Magen aufsteigt. Wie gesagt, ihr wart beim Essen. Der erste Gedanke kann sein, dass ihr vielleicht zu hastig gegessen habt. Dieses Essen nicht, wie es eigentlich sein sollte, genossen und bewusst zu euch genommen habt. Ihr nehmt den Hörer ab. Eine vertraute Stimme, die eures Freundes, meldet sich, und eigentlich braucht er gar nicht anzufangen zu sprechen, denn ihr wisst bereits, dass er große Sorgen hat. Kennt ihr das? Dieses Gefühl?

Noch ein Beispiel:
Ihr seid gerade dabei, euch bereit dafür zu machen, noch ein paar Besorgungen in der Stadt zu tätigen. Ihr habt eigentlich vor, nur ganz kurz zu bleiben, da ihr danach mit jemandem, den ihr schon lange Zeit nicht gesehen habt, verabredet seid. Ihr freut euch auf dieses Treffen. Ihr könnt es eigentlich gar nicht mehr erwarten, trotzdem müsst ihr noch diese Besorgungen machen. Schließlich steht das Wochenende vor der Tür. Als ihr gerade das Haus verlassen wollt, genau in diesem Moment, klingelt das Telefon. Normalerweise würdet ihr dieses Klingeln ignorieren. Schließlich habt ihr es eilig, der Anrufer wird sich noch einmal melden. Aber in diesem Moment wird euch bewusst, dass dieser Anruf sehr wichtig ist. Fast automatisch werdet ihr euch beobachten, wie ihr zum Hörer greift und abnehmt. Am anderen Ende der Leitung meldet sich dieser Freund, welcher euch mitteilt, dass er einen Motorschaden hatte und der Abschleppdienst sein Auto gerade zur nächsten Werkstatt fährt.

Was wäre passiert, hättet ihr dieses Gefühl ignoriert? Und solche Dinge passieren tagein, tagaus. Eure Antennen arbeiten immer auf Hochtouren. Das heißt, eigentlich wäre es ganz einfach, Situationen, die euch aufhalten, ärgern oder nicht in eurem Sinn sind, zu vermeiden. Drum übt euch darin, hinzuhören, euch hineinzufühlen, Dinge und Begebenheiten zuzulassen. Ihr werdet erstaunt sein, was alles passieren kann.

Vertrauen verleiht Flügel

Vertrauen ist eine Fähigkeit, die voraussetzt, dass ihr etwas kennt. Erst etwas zu kennen heißt, mit etwas „vertraut" zu sein. Eine Art Sicherheit, die euch dazu bewegen kann, sicheren Schrittes euer Leben fortzuführen, Dinge umzusetzen, Wünsche zu realisieren. Nun, alles, was ihr dafür benötigt, ist Vertrauen.

Vertrauen ist abgeleitet von dem Wort trauen.
Trauen, ein Wort, welches aus dem Reich der Angst kommt.
Sich zu trauen – etwas, wo ihr nicht wisst, was euch damit erwartet.
Sich trauen ist sehr oft auch ein Begriff, der mit einer Mutprobe verbunden wird.

Auf Mutproben lasst ihr euch ein, wenn ihr etwas ganz Besonderes schaffen wollt oder werden möchtet. Es ist etwas, was mit einer gewissen Undurchsichtigkeit behaftet ist. Etwas, wo ihr noch nicht wisst, wie es sich anfühlt, wie ihr euch dabei fühlt. Etwas, das ihr unter einem gewissen Druck tut. Es kann der Druck von außen sein. Aber auch der innerliche Druck lässt euch manchmal diesen Weg einer Mutprobe gehen.

Vergleichen wir es mit „dem Sprung ins kalte Wasser", wie eure Floskeln solche Situationen so oft beschreiben. Ihr wisst nicht, wie tief das Wasser ist. Ihr seid euch nicht im Klaren darüber, ob in diesem Wasser Gefahren auf euch lauern. Ihr wisst nicht, ob der Aufprall, den dieser Sprung erzeugt, euch schädigen kann. Trotzdem kommt die Zeit, da steht ihr auf diesem

Sprungbrett. Und alles, was ihr dafür tun müsst, ist, zu springen. Dann fallen euch all die Ängste ein, die euch daran hindern, diesen Sprung zu vollbringen. Und so geht es vielen von euch. Ja, wir wissen es! Wir wissen, wie schwer es manchmal sein kann, zu springen.

Trotzdem bedenkt bitte immer, es gibt stets mehrere Möglichkeiten, die den Impuls für so einen Sprung in euch auslösen können. Manchmal ist es nur euer Ego, aber auch die Macht des von euch erstellten Lebensplans sollte niemals unterschätzt werden.

Gehen wir davon aus, das Wasser ist kalt. Es bedarf nur einer kurzen Zeit, sich daran zu gewöhnen. Sicher erschreckt ihr euch im ersten Moment. Aber euer Körper passt sich in Sekundenschnelle dieser neuen Umgebung an. Gehen wir davon aus, euer Sprung verläuft etwas härter. Ihr seid im falschen Winkel auf dem Wasser aufgekommen. Ihr spürt, wie eure Haut brennt, als ihr auftaucht. Aber, wenn ihr zurückschaut, seht ihr die Höhe, die mit diesem Sprung verbunden war. Die Distanz, die ihr überwunden habt. Ein Sprung, den „**ihr gemacht habt**". Was für eine wunderbare Leistung!

Was ich euch sagen will, ist: Auch wenn es euch manchmal einer großen Herausforderung gleicht, einer Hürde, die, wie euch scheint, kaum zu schaffen ist, so habt Mut! Mut ist die Vorbereitung zur Zuversicht. Das ist verbunden mit dem Glauben daran, dass alles gut gehen wird. Und Zuversicht geht einher mit Vertrauen in eure Fähigkeiten. Und bedenkt immer, wir sind auf eurer Seite. Ihr müsst es nicht allein machen. Ändert eure Situation, und wir werden dafür sorgen, dass dieser Sprung weder brennt noch euch das Leben nimmt. Es kann euch nichts passieren!

Es gibt Begebenheiten in euren Leben, die euch immer wieder in Sackgassen führen. Sackgassen, die, wenn ihr sie gefühlsmäßig betrachtet, in eurem Fachjargon „Burn-out" heißen.

Burn-out, ein Zeichen eurer Hülle.
Das Resultat eines Zustandes, der euch aufzeigen soll, dass
ihr noch nicht gelernt habt, „NEIN" zu sagen.

Burn-out, ein Zustand, der von einem großen Gefühl der Hoffnungslosigkeit geprägt ist, dem Gefühl „Ich habe nun gar nichts mehr unter Kontrolle" begleitet wird.

Ein Zustand, der sich rein körperlich mit allerlei „Ausfällen" zeigt. Es kann euer Stoffwechsel sein oder eure Organe. Aber auch eure Psyche wird euch aufzeigen, dass ihr nicht im „Lot" seid. Nun kommt bei den meisten von euch die Frage auf: „Wie bin ich da nur hineingeraten?" Und genau da fangen die Probleme an. Denn die Ursachen dafür zu finden wird kaum möglich sein.

Burn-out, ein schleichender Prozess. Burnout, eine Verkettung von vielerlei Umständen, Begebenheiten und Vorfällen. Nur eines haben sie alle gemeinsam, es sind Dinge, die nicht in eurem Sinn geschehen sind! Meist betrifft es die Menschen, die sehr oft in ihrer Opferhaltung geradezu versteinert sind. Mit dem Gefühl gekennzeichnet: „Das alles passiert mit mir, ich kann nichts ändern!" Das sind Menschen, die sich in Denkkreisen, wie wir es bereits deutlich gemacht haben, befinden. Denkkreise, die, wenn man in diesem Denken bleibt, keinen Ausweg zulassen werden.

Nun sehen wir uns die Kämpfer/Macher an. Menschen, die nur sehr wenig Vertrauen in andere Menschen haben. Meist mit dem Hang zum Perfektionismus. Sie befinden sich in dem Gedankenrad: „Wenn ich es nicht mache, macht es keiner" oder „Keiner macht es besser als ich!" In diesem Fall ist Vertrauen ein fälschliches Vertrauen in sich selbst. Es führt dazu, dass ihr immer gefordert und irgendwann einmal überfordert seid.

Nun lasst uns zu dem bewussten Menschen wechseln. Dieser Mensch, der es gelernt hat, nicht alles selbst machen zu müssen. Ein Mensch, der so viel Vertrauen zu anderen Menschen hat, dass er abgeben kann. Abgeben heißt, auch eventuelle Fehler des anderen zulassen zu können. Ihm die Möglichkeit zu geben, Erfahrungen zu machen. Es ist die Fähigkeit, ein Stück zurückzutreten, um darauf zu warten, dass bestimmte Begebenheiten passieren dürfen.

Jetzt betrachten wir euch in diesem Rad des Denkens. Manchmal bedarf es nur eines kleinen Anstoßes, um euch aufzuzeigen, dass ihr falschliegt. Menschen, die an Burn-out leiden, haben es noch nicht gelernt, bestimmte Anstöße aus ihrer Umwelt wahrzunehmen. So sehr befinden sie sich in ihrem Denkkreis. Menschen, die sie mit Sicherheit (und da haben wir einen wesentlichen Anteil daran) durch bestimmte Bemerkungen darauf hingewiesen haben, etwas zu ändern. Sie werden als Feindbilder gesehen. So nach dem Motto: „Was will der denn, der hat doch gar keine Ahnung!" Nichtsdestotrotz zeigen sie euch, dass ihr nicht mehr in eurer Mitte seid. Dass ihr nicht mehr der Mensch seid, den sie einst kennengelernt haben. Und vor allem, dass ihr die Fähigkeit verloren habt, euch selbst zu betrachten. Wahrzunehmen, in was für einem erbärmlichen Zustand ihr euch befindet.

Wie alle anderen inkarnierten Seelen haben auch diese an Burn-out erkrankten Menschen einen Lebensplan. Es handelt sich um ein von euch verfasstes Werk, mit sehr viel Mühe von euch geplant und erstellt. Etliche Gespräche mit euren geistigen Führern und Beratern waren im Vorfeld dafür nötig. Aufgrund dessen habt ihr bestimmte Themen eures beabsichtigten Erfahrens gewählt. Ein Ergebnis aus den vielen bereits von euch erlebten Leben. Sicherlich mag es euch in eurem aktuellen Leben manchmal so erscheinen, dass ihr über vieles nicht sorgfältig nachgedacht habt. Aber genau diese Annahme ist nicht richtig. Ich behaupte, ihr habt gerade über diese schwierigen Punkte in eurem Leben sehr viel nachgedacht. Ihr habt etliche Möglichkeiten dazu erwogen, euren Lernvorgang so effektiv wie möglich zu gestalten. Trotzdem wird es die Punkte in eurem Leben geben, da würdet ihr euch wünschen (so fühlt es sich zumindest in diesem gelebten Leben an), ihr hättet es etwas leichter gestaltet.

Eure Struktur, sowie die eures Lebensplans, gleicht sinnbildlich gesprochen einem Puzzle. Wenn ihr euch nun vorstellt, dass jedes einzelne dieser Puzzlestücke einem gelebten Leben inklusive der daraus gewonnenen Erfahrungen entspricht. Und damit dieses Puzzle eines Tages lückenlos erscheint, verlangt es von euch, jedes einzelne Teil zu erleben und bei Abschluss dem Bild hinzuzufügen. Das ist das, was Reinkarnation ausmacht. Eine Sammlung einzelner Segmente, die sich zu gegebener Zeit zu einem wunderschönen Bild zusammenfügen.

Bedenkt bitte immer, ihr habt es so gewünscht. Haltet Ausschau nach Hilfen, wenn ihr bemerkt, dass euch euer „Puzzle" Schwierigkeiten bereitet.

Versucht, dieses „Leben" bewusst anzugehen. An euren Schwierigkeiten zu arbeiten. Und dabei rede ich nicht von Schwierigkeiten, die euch von eurem Außen aufgezeigt werden. Sie lassen sich aus dem Prinzip der Ursache und Wirkung ableiten und sind in diesem Fall nur die Wirkung auf euer Verhalten.

Schaut in euch hinein, entdeckt euer Potenzial! Setzt eure Wünsche um! Wünsche, die dem Außen manchmal etwas abgehoben, zu weit entfernt scheinen. Haltet daran fest. Ihr habt euren Plan in euch. Arbeitet daran, Stück für Stück, und verliert nie euer Ziel aus den Augen. Macht die Umsetzung eures Lebensplans nie von anderen Menschen abhängig. Das Umsetzen des Plans hängt nur von euch ab. Von eurem Denken, eurer Zuversicht, eurem Fleiß und eurem Vertrauen. Denkt immer daran, es ist alles möglich!

Wenn wir nun noch einmal das Zustandekommen von Vertrauen betrachten, kommt es nicht von ungefähr! Vertrauen in das Leben habt ihr euch erworben, durch die vielen Erfahrungen in euren Leben. Das aktuelle Leben natürlich vorangenommen, aber auch durch eure vielen anderen Leben, die mal leichter, mal schwieriger von euch gelebt wurden. Vielerlei Facetten bestimmter Erfahrungen, die euch dazu gebracht haben, heranzureifen. Lasst es uns an einem praktischen Beispiel wie dem „Käse" betrachten.

Ein Käse, ein sehr schmackhaftes Produkt, wie ihr immer so schön sagt, in unserem Sinne eine Folge der Natur. Die Vorstufe Milch, einst zur Ernährung von Säuglingen/Kälbern gedacht, dient seit vielen Jahrhunderten auch eurer Ernährung. Entstanden ist die Art von Verwertung der Milch allerdings aus einem ganz anderen Grund. Der Grund war eigentlich ein Akt der Verzweiflung. In den Zeiten, als Nahrung knapp war und der Nahrungsvorrat nicht mehr ausschließlich durch Sammeln und Jagen beschafft werden konnte, begannen sich die Menschen nach Ersatz umzusehen. Ersatz, der zum einen sehr schmackhaft war, zum anderen aber sehr schnell eine Möglichkeit bot, Nahrungsmittel herzustellen. In vielerlei Arten der Zubereitung verwendbar. Bedenkt bitte eure Backwerke und dergleichen.

Gehen wir noch einmal zurück zur Herstellung eurer Milchprodukte. Zu Kühen, Schafen und Ziegen. Den Erzeugern dieser schmackhaften Flüssigkeit. Tiere, beseelt und daher wissend, mit was für einem Auftrag sie in dieses Leben geboren wurden. Wissend, dass sie der Verwertung dienen. Und damit meine ich nicht nur die Milch!

Nun sehen wir uns deren Unterkünfte an. Ställe, Wiesen und Weiden, aber auch Unterbringungen, die leider gar nichts mehr mit einer artgerechten Haltung zu tun haben. Hallen, in denen diese wertvollen Geschöpfe, die mit dem Wissen, dem Menschen dienen zu wollen, in dieses Leben gegangen sind.

So manches Mal wird man sich denken, wie soll dabei ein gutes Produkt entstehen? Ein Produkt, das letztendlich der Träger von

Informationen ist, die bei der Unterbringung und Herstellung in dem Produkt gespeichert werden.

Ich spreche von den Kühen, Schafen und Ziegen, die in ihrem ganzen Leben noch keine Wiese betreten haben. Ich rede von den Tieren, die nie den Sonnenschein und die frische Luft in sich aufnehmen durften. Ich denke an die Tiere, deren Stoffwechsel und Hormonhaushalt künstlich gesteuert wird. Informationen, die sich definitiv in einem Produkt niederlegen. Und dieses „Produkt" esst ihr mit einem vermeintlich guten Gewissen?

Bedenkt bitte immer, sie sind für euch und in eurem Auftrag hier auf Mutter Erde. Sie möchten euch Ressourcen zur Nahrungsgewinnung zur Verfügung stellen. Sie möchten euch die Möglichkeit einer schmackhaften Ernährung bieten. Darum denkt immer daran – ehrt sie! – seid dankbar! Ohne sie gäbe es die Produkte Milch/Käse und Fleisch nicht.

Ihr werdet euch nun fragen, was hat das alles mit Vertrauen zu tun? Vertrauen, eine Eigenschaft oder Fähigkeit, die sehr menschlich zu sein scheint. Wie schon erwähnt, ist es der Ursprung von etwas, das ihr bereits kennt. Als Folge von schon gemachten Erfahrungen, die ihr miteinander und untereinander erlebt und durchlebt habt. Immer ist ein Kennenlernen die Voraussetzung dafür. Jemanden „zu kennen" heißt aber auch, jemanden „zu erkennen". Zu wissen, wie ist diese Person und ist Verlass auf sie.

Gehen wir noch einmal zu diesen wundervollen Tieren. Dieses Vertrauen, von dem ich spreche, haben sie zu euch. Darauf zu vertrauen, dass gut mit ihnen umgegangen wird. Schließlich sind sie hier, um euch zu dienen und zu ernähren. Bedenkt das bitte immer, es ist wichtig!

Es wird in Zukunft einige Veränderungen in eurer Ernährung geben. Das Produkt Milch wird nicht mehr weiter vordergründig sein. Das hängt zum einem damit zusammen, dass ihr das Lebewesen Tier aus einer anderen Sichtweise betrachten werdet. Viele von euch sind schon auf gutem Wege. Zum anderen habt ihr bereits bemerkt, dass euer Körper verstärkt dieses „Produkt" ablehnt. Es zeigt sich in verschiedenen Formen des Unwohlseins. Vielen von euch bereitet es einige Schwierigkeiten, dieses Produkt zu verwerten!

Das wird euch im Laufe der nächsten Zeit mit vielen Produkten, die ihr unter nicht sehr guten, oft sehr schlechten Bedingungen produziert habt, passieren. Eins der vielen Beispiele wird auch das Korn sein. Insektizide, Mittel, die dazu führen, dass ihr euch ein Stück weit selbst vergiftet. Habt ihr das bedacht?

Achtet auf die Zeichen, wir geleiten euch durch diese Zeit. Jene vermeintliche „Zeit", die euch durch allerlei Neuerungen führt. Eine Zeit, die von großen Veränderungen geprägt sein wird. Habt keine Angst, geht in euer Vertrauen. Ihr wisst, wie ihr euch führen lassen könnt. Nehmt die Hilfen in Anspruch, die mittlerweile so zahlreich auf der Erde sind. Und denkt immer daran, ihr seid niemals allein!

Der Weg eurer Bestimmung

Ein Thema, mit dem wir uns nun befassen werden, ist die Zusammenarbeit der geistigen Welt und der Menschheit.

Mit dem Wunsch, uns etwas näherzukommen, befassen sich sehr viele von euch. Die Welt ist in einem Umbruch, etwas Gewaltiges steht bevor! Gerade das Wissen veranlasst sehr viele Menschen dazu, in sich zu gehen. Zu spüren – eine Fähigkeit, die schon sehr viele Seelen weit entwickelt haben. Es ist eine Art Schutzschirm, unter dem sie stehen, um sich vor den Widrigkeiten der Welt zu schützen.

Schutz, ein Begriff der Angst, der es nicht immer zulässt,
objektiv das zu sehen, was vor sich geht.

Ängste, die von eurer Politik geschürt werden. Medien, die es als eine Art Sensationsthema betrachten, euch den Untergang der Erde zu prophezeien. All das führt dazu, dass eure Ängste mehr Raum bekommen, als nötig wäre.

Lasst uns einmal betrachten, was wirklich der Anlass zur Angst sein kann. Angst, ein Ergebnis aus einer schwammigen Situation. Eine Situation, die noch nicht erahnen lässt, wie sie sich fügt bzw. ausgeht. Eine Situation, die etwas nicht Berechenbares mit sich bringt. Situationen, die euch alle in Angst und Schrecken versetzen, gesetzt den Fall, ihr lasst es zu.

Bleiben wir bei euren Medien. Die Medien sind in den letzten Jahren sehr präsent geworden. Die Nachrichtübermittlung funktioniert in Sekundenschnelle. Ein Ereignis, das vor einer

Stunde am „Ende der Welt" stattfand, wird in kürzester Zeit in euren Medien zu hören und zu betrachten sein. Glaubt mir, die Katastrophen und die extremen Begebenheiten sind nicht erst jetzt präsent. Nein, ein Ereignis, das vor hundert Jahren stattfand, brauchte nur etwas länger, um an die Öffentlichkeit zu kommen. Fakt ist, es fand statt. Viele von euch erleben das Gefühl der Dramatik mit dem Ausruf: „Was kann alles passieren!" Aber glaubt mir, Katastrophen und dergleichen sind schon immer passiert. Von jeher kamen Dinge ans Tageslicht, welche die Menschheit erschüttert haben. Sicherlich ist es richtig, dass aufgrund der technischen Möglichkeiten eure Presse, die Medien und Nachrichtendienste ein völlig anderes Spektrum zur Verfügung haben. Trotzdem fanden solche Ereignisse immer schon statt. Bedenkt das bitte stets!

Lasst uns noch einmal zu eurer Angst kommen. Angst, ein Begriff für ein Gefühl, das bis zu einer Art Ohmmächtigkeit bzw. Handlungsunfähigkeit gehen kann. Quasi versteinert sein vor Angst. Kennt ihr das Gefühl?

Das Gefühl zu spüren mit dem Wissen, eine Situation nicht im Griff zu haben. Nicht zu sehen – was passiert und wie es weitergeht? Situationen zu erleben, die euch handlungsunfähig machen, da ihr euch auf eine gewisse Art und Weise nichts zutraut. Wenn ihr nun die Angst als einen zellulären Vorgang betrachtet, der einiges mit eurem Körper macht, so könnt ihr davon ausgehen, dass ihr eigentlich nicht erstarrt, sondern in eine Art „Bereitschaftszustand" gebracht worden seid. Ich hatte bereits darüber gesprochen, dass Hormone, die in diesem Fall ausgeschüttet werden, dafür sorgen sollen, dass all eure Sinne besonders „wach" sind. Erinnert ihr euch? Sinne, die euch die Möglichkeit geben, anders wahrzunehmen. Klarer zu sehen, zu hören und zu fühlen. Erinnert ihr euch an meine Aussagen? Gehen wir von einer Situation aus, die in eurer heutigen Zeit leider fast alltäglich ist. Der Überfall auf eine Bank.

Ihr wart gerade damit beschäftigt, darüber nachzudenken, ob ihr noch zu eurer Bank fahren solltet. Ihr hattet vor, euch einen Wunsch zu erfüllen. Um ihn bezahlen zu können, müsstet ihr allerdings euer Erspartes von eurem Sparbuch abheben. Ein Vorgang, der ein notwendiges Übel ist, wenn ihr etwas kauft oder kaufen wollt und nicht genügend Bares zur Verfügung habt.

Gehen wir davon aus, dass ihr, bevor ihr euch auf den Weg zu dieser Bank macht, bereits ein flaues Gefühl in eurer Magengegend spürt. Ein Gefühl, das euch davor warnt und eigentlich dazu veranlassen sollte, aufmerksam zu sein. Ihr steckt also euer Sparbuch in die Tasche und seid dabei, loszufahren. Beim Besteigen eures Autos fällt euch ein, dass ihr noch die Einkaufstaschen mitnehmen solltet. Eine weitere Überlegung hatte ergeben, gleich im Anschluss noch euren wöchentlichen Einkauf zu erledigen. Ihr geht also noch einmal zurück, um die Taschen zu holen, und bemerkt erneut dieses wage, flaue Gefühl in eurer Magengegend. Ein Blick auf eure Uhr verrät, dass ihr schon spät dran seid. Also beeilt ihr euch, setzt euch in den Wagen und fahrt los. Die Fahrt, sonst eine Strecke von 5–10 Minuten, entpuppt sich diesmal zu einem Geduldsspiel. Streckenarbeiten, die für einen Verkehrsstau sorgen, und zu allem Übel auch noch ein Auffahrunfall zweier Autos vor euch. Eine Situation, die tagtäglich passiert. Ihr sitzt also in eurem Auto und überlegt, ob ihr vielleicht euer Vorhaben umplanen solltet. Eine Wegabkürzung führt euch direkt ins Einkaufszentrum. Der Weg zur Bank wäre dann blockiert.

Wieder ist da dieses Gefühl im Magen. Diesmal sagt es euch allerdings, dass sich dieser Entschluss ganz vernünftig anfühlt. Also schlagt ihr die andere Route ein, vorbei an dem Stau und geradewegs zum Einkaufen. Als ihr euren Einkauf abgeschlossen habt und euch gerade in das Auto setzt, hört ihr über die Nachrichten aus eurem Autoradio, dass die Bank, bei der ihr noch eine Stunde zuvor euer Bankgeschäft tätigen wolltet, überfallen wurde. Es ist die Rede von Geiselnahme und dergleichen. Wäre es nicht eines jeden Albtraum, jetzt in dieser Bank zu stehen? Versteht ihr nun den Grund eures Gefühls?

Eine tägliche Begebenheit – eine Angst, die ihr spürt, ein Gefühl, das euch idealerweise dazu veranlasst, einen anderen Weg einzuschlagen. Versteht ihr, was ich meine? In diesem Falle hat Angst ihre Berechtigung. Angst, die euch dazu veranlassen soll, einen Richtungswechsel vorzunehmen.

Lasst uns zu einem anderen Beispiel kommen. Ein Mann ist auf dem Weg in seine Ferien. Urlaub, eine Art Auszeit, auf den er sich schon lange freute. Er hatte alles mit sehr viel Mühe vorbereitet. Die Auswahl seines Ferienziels, die Wahl des Hotels, die Art seiner Unterbringung, Ausflugsmöglichkeiten, Besichtigungstermine. Jedes Detail hatte er sorgfältig durchdacht, in der Hoffnung, sich von einer zuvor anstrengenden Zeit zu erholen. Das vergangene Jahr, das er hinter sich gebracht hatte, war ein Jahr mit vielen Aufgaben und Herausforderungen gewesen. Ferien, ja, die hatte er sich verdient!

Als der freudige Tag gekommen war, stieg er in sein Auto und fuhr los. Er hatte sich eine ordentliche Brotzeit vorbereitet und einen kräftigen Kaffee in der Thermoskanne bereitgestellt. Schließlich lag eine lange Fahrt vor ihm, da wollte er dafür sorgen, dass er wach blieb.

Es war ein regnerischer Tag, der Sommer wollte in diesem Jahr nicht so recht in Schwung kommen. Ein Grund mehr, wie er fand, seinen Wohnort zu verlassen, um ein sonniges Stück Erde aufzusuchen, wo es möglich war, sich zu entspannen und Energie zu tanken. Die Fahrt verlief reibungslos. Es war ungewöhnlich ruhig auf der Strecke. Nur sehr wenig Verkehr, was es möglich machte, sehr schnell den gewünschten Ferienort zu erreichen. Sein Urlaubsziel führte ihn zu einem wunderschönen Ort, umrahmt von Bergen. Ein idyllisches Fleckchen Erde, wo er, wie er hoffte, sich wunderbar erholen konnte.

Etliche Prospekte hatte er durchforstet, bis ihm klar war, dass nur dieser eine Ort infrage kam. Ein klarer Gedanke, der eine klare Entscheidung mit sich brachte!

Auch die Buchung ging zügig vonstatten. Eine schnelle Bestätigung des Veranstalters mit der freudigen Ankündigung, den Spezialtarif zu erhalten. Dieser versprach, für das gleiche Geld eine Nacht länger bleiben zu können. Welch ein Gewinn! Eine eindeutige Sache, für den Mann ein eindeutiges gutes Gefühl.

Der Mann befand sich mittlerweile kurz vor seinem Zielort. Er fuhr gerade durch eine serpentinenartige Landschaft, die Sonne schien und strahlte über einen einzigartigen Bergkamm. Ein Ausblick, der bei dem Mann die Vorfreude auf den vor ihm liegenden Urlaub verstärkte. Plötzlich hörte er ein lautes Grollen. Abrupt blieb er stehen, da er sichergehen wollte, herauszufinden zu können, woher dieses Grollen kam. Doch in diesem Moment wurde sein Auto, und ich betone, nur sein Auto von einem riesengroßen Felsen überrollt. Der Mann war sofort tot, ohne dass er darüber nachdenken konnte, was passiert war. Ich nenne es Schicksal. Er war genau zur richtigen Zeit am richtigen Ort. Die Erfüllung eines Lebensplanes mit einem perfekten Abschluss. Ja, das ist dieses Ereignis in unserem Sinn.

Natürlich war nicht nur die Feuerwehr sofort an Ort und Stelle. Nein, auch die örtliche Presse machte sich ihr Bild, um es in die Welt zu tragen. Eine Nachricht, deren Empfänger nur das Grauen zu Gesicht bekamen, aber nie den wahren Hintergrund. Das Grauen sorgte für die Sensation. Für die Möglichkeit, zu berichten. Für die Fülle in den Zeitungen, in den Nachrichten und im Fernsehen. Aber bedenkt bitte, es ist nur das Grauen, was euch gezeigt wird. Nie der Sinn, der hinter dieser Sache steckt. Bedenkt dies bitte immer!

Der Lebensplan, ein von euch erstelltes Werk. Eine Art Checkliste, die ihr verfasst, bevor ihr in euer Leben geht. Ein gut durchdachtes Werk, das euch einige Mühe gekostet hat, es zu erstellen. Der Lebensplan, ein Konstrukt mit einer vielfältigen Auswahl von Erfahrungen und Begebenheiten, die euch dazu veranlassen, einen Weg zu gehen, der unendliche Variationen von Lernerfahrungen mit sich bringt. Bei der Erstellung wart ihr nicht allein. Etliche geistige Wesen haben euch dabei unterstützt. Wesen, die zum Teil ihre Erfahrungen schon hinter sich gebracht haben, aber auch Wesen, die sich noch selbst in dem Rad der Wiedergeburt drehen.

Die Entscheidungen aber habt ihr getroffen! Entscheidungen darüber, wo ihr geboren und aufwachsen werdet. Mit welchen

Fähigkeiten und Talenten ihr bestückt seid. Bedenkt bitte immer, ihr habt die Entscheidung getroffen. Ein Leben zu führen, das viele Facetten von Lernerfahrungen mit sich bringt. Nicht Hürden, sondern Möglichkeiten der Änderung und Erweiterung eures Bewusstseins. Bedenkt dies bitte!

Euer Wille ist uns heilig

Eines Tages fand in der geistigen Welt eine Besprechung statt. Eine Besprechung über die Handhabung von Lebensplänen und deren Umsetzung. Der Lebensplan war früher genauso wie heute, ein sehr umfassendes Werk. Dass in dieser Lebensplanung der gesamte, beabsichtigte Ablauf eines Lebens festgelegt war, schien uns zu einer gewissen Zeitphase nicht perfekt. Es wurde daran gearbeitet, es zu ermöglichen, dass der freie Wille einer jeden Seele berücksichtigt werden konnte.

Kommen wir zu einem Beispiel:
Erzählen wir von der Inkarnation eines kleinen Mädchens. Ein Mädchen sehr zart und schwach, ein Mädchen mit einem starken Lebenswillen. Aufgrund einer schweren Erkrankung, die ihr angeboren war, dadurch auf Dauer aber nicht überlebensfähig war. Ein Herzfehler, irreparabel, wie man feststellte, der eine große Herausforderung für alle Beteiligten darstellte. Sie war erst ein paar Tage alt, als man wahrnahm, dass ihre kleinen, schmalen Lippen diesen bläulichen Schimmer hatten. Es folgten Untersuchungen, die ergaben, dass ihr Herz nicht sorgfältig schlug. Messungen des EKG sowie Ultraschalluntersuchungen bestätigten die Vermutung der Kinderärzte. Eine eindeutige Diagnose mit einem niederschmetternden Ergebnis. Die Eltern waren schockiert. Sie hatten sich so sehr auf dieses Kind gefreut! Ein Kind, das endlich Ruhe in ihr sorgenvolles Leben bringen sollte. Zwei vorangegangene Fehlgeburten gaben den Anschein, dass das Glück nicht auf ihrer Seite stand. So wurden sie immer wieder von der Angst begleitet, dass sich etwas Ähnliches wiederholen könnte.

Die Schwangerschaft verlief reibungslos. Es gab keinen Verdacht darauf, dass etwas nicht in Ordnung war. Sicherlich war dieses Kind nicht so groß wie üblich. Das ergaben immer wieder die Messungen beim Ultraschall. Trotzdem versicherte man ihnen, dass alles in Ordnung zu sein schien. Die Diagnose traf sie völlig unerwartet. Die Geburt, ein Kaiserschnitt, verlief reibungslos. Trotzdem spürten die Eltern diese Angst im Nacken, dass irgendetwas schieflaufen könnte. Tage später, die Untersuchungen waren bereits abgeschlossen, eröffnete man den Eltern, dass nur eine Operation eine Besserung versprach. Wie würden sie sich entschließen? Diese Frage stellte die Eltern vor ungeahnte Probleme. Eine Operation, ein Eingriff, der unter Umständen das Leben des Kindes retten könnte, war ein Gedanke, der Zuversicht gab. Die Eltern verbrachten beinah eine Woche damit, immer wieder darüber zu reden, wie man am besten vorgehen sollte.

Schließlich gaben sie ihr Einverständnis zu dieser Operation. Eine Operation, die Hoffnung gab, dass alles gut werden konnte. Ein Leben ohne Einschränkung, ein Leben ohne Sorgen.

An dem Tag, als die Operation stattfinden sollte, wachte die Mutter morgens schweißgebadet auf. Sie hatte eine sehr schlechte Nacht hinter sich, begleitet von Träumen, die sie nicht zur Ruhe kommen ließen. Ein flaues Gefühl in ihrem Magen verhinderte, dass sie wie sonst frühstückte, bevor sie in die Klinik ging. Nacken- und Rückenschmerzen sowie ein unbekannter Hüftschmerz machten ihr den Weg in die Klinik nicht leicht. Der OP-Termin war frühmorgens angesetzt, so blieb ihr nicht viel Zeit, auf ihre Schmerzen zu achten.

Es war ein ungewöhnlicher Morgen. Die Morgenstimmung war grau und fahl, obwohl es mitten im Sommer war. Keinen Vogel hörte sie singen, nur das laute Geräusch vom Berufsverkehr, der schon eifrig an ihr vorbeizog.

Die Auffahrt zum Krankenhaus kam ihr diesmal ungewöhnlich lang vor. Sie war diese Auffahrt in den letzten Wochen sehr oft hinaufgefahren, trotzdem hatte sie das Gefühl, sie heute das erste Mal zu sehen. Keine Blumen, keine Bäume umrahmten diese Auffahrt. Nur dieser schlichte, kahle Weg, der einen vermuten ließ, dass er zu etwas führte, was ein ganzes Leben verändern konnte. Er führte zu einem Gebäude, in dem viel Leid, viel Schmerz und viele zerstörte Hoffnungen gespeichert waren. Ein Gebäude, das auf den ersten Blick klar und modern erschien. Eine Architektur, die Kompetenz versprach. Ein modernes Gebäude, gewählt in ansprechenden Farben, dennoch kalt und angsteinflößend.

Hastig stieg sie aus dem Auto und wurde dabei von einer Unruhe begleitet, die nichts Gutes verheißen ließ. Die Schritte, die sie lief, die Schmerzen, die sie hatte, führten dazu, ihr das Gefühl zu vermitteln, es sei der längste Weg ihres Lebens. Der Weg, den sie ging, begleitet von der Ungewissheit und der Angst, etwas zu verlieren.

Auf Station angekommen, sagte man ihr, dass sie sehr spät dran sei. Man habe ihre Tochter bereits zu den Vorbereitungen gebracht, was es ihr unmöglich machte, sie davor noch einmal zu sehen. Ein Blick auf die Uhr verriet der Frau, dass sie ungewöhnlich lange zu diesem Krankenhaus unterwegs gewesen war. Sicherlich, es war sehr viel Verkehr, trotzdem war ihr es unerklärlich, dass sie zu so einem wichtigen Termin zu spät kam. Alle Bitten, ihre Tochter noch einmal sehen zu dürfen, halfen nicht, da sie mittlerweile schon in Narkose lag. Nun begannen sie, diese furchtbaren, unendlich langen Stunden. Stunden, in denen die Hoffnung immer wieder von der Verzweiflung abgelöst wurde. Gedanken, die sie dachte, Hoffnungsschimmer, die sie fühlte, wechselten sich ab mit den Ängsten, die sie quälten. Ein ständiges Auf und Ab ließ sie nicht zur Ruhe kommen.

Jedes Mal, wenn eine Tür aufging, stand sie auf in der Erwartung, dass man ihr das Ende der Operation bestätigte. Menschen gingen achtlos an ihr vorbei, nichts ahnend, welches Drama in ihr vorging.

Acht Stunden später, acht Stunden der Hoffnung und Verzweiflung, sagten die Ärzte ihr, dass sie sehr zuversichtlich seien.

Allerdings musste ihre Tochter noch 24 Stunden überstehen, in denen noch nicht klar war, ob sie es schaffte. „Noch mal dieses Warten!", dachte die Frau. Noch mal dieses ständige Hoffen und Bangen, ohne zu wissen, wie es ausging.

Sie überlegte, wann sie das letzte Mal etwas gegessen hatte. Ihr Magen knurrte, trotzdem verspürte sie keinen Hunger und keinen Durst. Nur diese unglaubliche Leere, die sich anfühlte, als hätte sie schon tagelang nichts mehr zu sich genommen. 24 Stunden, wie sollte sie die überstehen?

Als die Sonne unterging, begab sie sich in die Cafeteria, um eine Kleinigkeit zu essen. Zu den Automaten, die dafür sorgten, dass Besucher und „Wartende" essen und trinken konnten. Tag und Nacht. Ein Krankenhaus, das auf solche Personen eingestellt war. Besucher, die nächtelang um ihre Lieben bangten, verbunden mit dem Drang, irgendwann einmal etwas essen und trinken zu müssen. Das Sandwich, das sie sich auswählte, schmeckte fad. Es war kein Nahrungsmittel, das versprach, den Hunger, der sie plagte, zu stillen. Nun gut, sie musste etwas essen. Schließlich lag noch die ganze Nacht vor ihr. Ein Blick auf die Uhr verriet ihr, dass noch nicht einmal die Hälfte dieser 24 Stunden geschafft waren. Als sie auf Station kam, riet man ihr, nach Hause zu gehen. Sie könnte nun eh nicht sehr viel tun, solange ihre Tochter schlief. Durch die Fenster der Intensivstation sah sie ein Bild ihres kleinen Mädchens, völlig unscheinbar hinter vielen Schläuchen versteckt. Ein herzzerreißendes Bild. Fast nicht zu ertragen, so fand sie.

Den Weg nach Hause anzutreten fiel ihr nicht leicht. Sie hatte erst hin und her überlegt, doch schließlich stimmte sie dem Rat der Schwestern zu und fuhr nach Hause. Es war mittlerweile dunkel geworden, nur die fahlen Lichter des Weges begleiteten sie auf ihrem einsamen Weg. Ihr Mann konnte an diesem Tag nicht bei ihr sein. Eine sehr wichtige Geschäftsreise hatte ihn davon abgehalten, den Tag mit seinen „Frauen" durchzustehen. Auf ihrem Handy bemerkte sie die mehrmaligen Anrufe. Scheinbar hatte sie kein Netz, weil nicht ein Anruf zu ihr durchdrang. Das wollte sie nun nachholen, sobald sie daheim war.

Beim Öffnen ihrer Haustür kam ihr eine eisige Stille entgegen. In der Küche, die sie morgens überstürzt verlassen hatte, herrschte Unordnung. Es hing immer noch der Teebeutel in der Tasse, den sie eigentlich trinken wollte. Das alles war ihr gar nicht mehr bewusst. Von diesem Morgen hatte sie nur noch sehr wenig in Erinnerung. Zu groß war die Angst um ihr Kind.

Plötzlich klingelte ihr Telefon. Schon am Klingeln erkannte sie, dass es jemand sein musste, der sich große Sorgen machte. Als sie den Hörer abhob, meldete sich ihr Mann. Er war völlig außer sich vor Angst und erkundigte sich nach dem Befinden seiner Tochter. Nachdem seine Frau ihm erklärt hatte, wie es stand, sprachen sie noch über ihre Ängste und das Problem, dass er nicht an Ort und Stelle sein konnte, um sie zu unterstützen. Aber das kannte seine Frau schon. Immer wenn sie ihn brauchte, war er nicht da. Sie konnte nun nicht einmal sagen, ob er es mit Absicht tat. Er hätte die Reise auch jemand anderem zumuten können. Warum ausgerechnet er? Es stieg sehr oft der leise Verdacht in ihr hoch, dass er nicht bei ihr sein wollte. Und auch nicht bei seinem Kind. Was sollte sie davon halten? Doch all das Überlegen half jetzt nichts, es blieb nun nichts anderes übrig, als darauf zu warten, dass das Krankenhaus anrief. Sie hatten ihr versprochen sich zu melden, sobald ihre Tochter aufwachte. Die Frau jedenfalls hatte sich fest vorgenommen, gleich frühmorgens wieder ins Krankenhaus zu fahren.

Es begann eine lange Nacht. Sie hatte kurz, bevor sie ins Bett ging, ein Bad genommen. In der Hoffnung, besser einschlafen zu können. Die Erschöpfung des Tages und der Nacht davor ließen sie in einen unruhigen Schlaf fallen. Ein Schlaf, der sie hin und her riss, immer wieder hochschrecken ließ.

Plötzlich wachte sie auf. Ihr kleines Mädchen stand vor ihrem Bett. Träumte sie, oder bildete sie sich das alles nur ein? Nein, da stand ihr kleines Mädchen. Ein kleines Lächeln in ihrem Gesicht, wie ihr schien, ein sehr zufriedenes, sanftes Lächeln. Sie strahlte so viel Wärme aus, dass sie das Gefühl hatte, ganz ruhig zu werden. Innerlich ruhig. Ein gutes Gefühl, das sie dazu brachte, mit sich ins Reine zu kommen. Das Mädchen machte eine Geste. Es sah aus wie ein Abschiedsgruß. Obwohl sie sah, dass sich ihre Lippen bewegten, hörte sie keine Worte aus ihrem Mund. Die Worte, die sie vernahm, waren in ihrem Kopf. „Eine eigenartige Art zu sprechen", dachte sie sich. Trotzdem verstand sie alles, was sie ihr sagte.

Das Kind erklärte ihr, dass sie nun gehen müsste. Der Auftrag auf dieser Welt wäre erledigt. Sie hatte nur ein kurzes Stück, in dem sie ihren Eltern beibringen musste, wie wichtig es ist, sich aufeinander zu verlassen. Das müsste ihr Vater jetzt lernen. Nur deswegen war sie hier. Sich auf jemanden verlassen können, dass Wichtigste überhaupt, wenn man zusammenlebt. Ja, das sollte er lernen.

In diesem Moment stieg eine große Traurigkeit in der Mutter hoch. Sie fühlte, dass sie loslassen musste. Von den Hoffnungen, den Ängsten und ihrer Tochter. Eine Traurigkeit, die ihr das Gefühl gab, ganz allein zu sein. Kein gutes Gefühl! Trotzdem verspürte sie einen Frieden, mit dem Wissen, dass alles gut werden würde. Es war ein seltsames und irritierendes Gefühl. Das Kind, das vor ihrem Bett stand, verschwand vor ihren Augen. Wie ein Nebel, der sich auflöst. Sie rieb sich ihre Augen, da sie sich nicht sicher war, ob sie nur geträumt hatte. In diesem Moment klingelte das Telefon. Das Krankenhaus, eine Stimme auf der anderen Seite, die ihr mitteilte, dass ihre Tochter die Nacht nicht überlebt hatte.

Trotz dieser Nachricht blieb die Frau seltsam ruhig. Sie dachte über diese Begegnung nach, die ihr sagte, dass es sich bei diesem Kind wirklich um ihres gehandelt haben musste. Eine Begegnung, die ihr es möglich machte, ruhig zu bleiben. Ein Abschied, der den Sinn des Ganzen preisgab. Eine eigenartige, schmerzvolle Begegnung und doch auf ihre Art sehr hilfreich.

Begegnungen dieser Art finden sehr häufig statt. Begegnungen mit der anderen Seite, mit den Seelen, das Wechseln, so nennen wir den Vorgang, wenn ihr eure Körper verlasst. Ein angenehmer Zustand, der euch dazu bringt, euren Körper, eure Existenz, eure Lieben loszulassen. Trotzdem seid ihr mit ihnen verbunden. Es ist euch wichtig, mitzuteilen, dass ihr nicht „weg" seid. Wie im eben beschriebenen Fall war eine große Lernaufgabe damit verbunden. „Sich aufeinander verlassen können", eine Bedeutung, die man auf unterschiedliche Art und Weise betrachten kann. In diesem Fall ein Liebesdienst an den Vater, der mit dieser Bedeutung leider noch nicht sehr viel anfangen konnte. Für uns eine Gelegenheit zu lernen, in eurem Sinn eine sehr schmerzhafte Erfahrung. In unserem Sinn ein sehr effektives Erlebnis mit der daraus resultierenden Möglichkeit, sich diese „Eigenschaft" einzuprägen. Ich finde, eine sehr lehrreiche Facette der sehr vielen Varianten eures Daseins.

Das Schicksalsrad

Das Schicksalsrad ist das System der Inkarnation, in das ihr euch hineinbegebt, wenn ihr geboren werdet. Sehr oft lässt es den Anschein zu, ihr hättet keine Wahl. Eine Wahl zu haben heißt, zu entscheiden, in was für eine Richtung es für euch gehen kann und soll. Entscheidungen, die getroffen werden, Entschlüsse, die gefasst werden. All das bewegt euch dazu, in eine bestimmte Richtung zu gehen. Richtungen, die für euch meist relativ klar, aber doch im eigentlichen Sinn nicht immer klar sind. Wisst ihr immer, wohin es geht? Kennt ihr immer den Ausgang eurer Geschichte?

Einige von euch werden sagen, dass vieles kalkulierbar bleibt. Das mag vielleicht z. B. bei einer Ausbildung zutreffen. Ihr beginnt diese Ausbildung in der Absicht, etwas zu lernen. Eine Ausbildung, die meist zeitlich limitiert ist und zudem feste Lern- und Prüfungsvorgaben hat. Ja, das scheint in einer gewissen Hinsicht etwas Festes zu sein.

Nun gehen wir von dem Fall aus, dass die Ausbildung zwar begonnen wird, aber sehr schnell feststeht, dass die Aufgaben, die damit verbunden sind, nicht dem Anliegen der Person entsprechen. Jeden Tag stellt sie sich die Frage, ob es, die Ausbildung zu beginnen, der richtige Schritt war. Jeden Tag wird zu einer neuen Herausforderung, wenn es darum geht, zu diesem Arbeitsplatz zu gehen, um diese Arbeit zu tun. Die Person wird feststellen, dass ihr alles sehr schwerfällt. Die kleinste Anforderung zur Herausforderung wird. Sie wir schon bald feststellen, dass etwas zu lernen für sie in diesem Moment keinen Sinn mehr macht. Und trotzdem fährt sie jeden Tag zu dieser Arbeitsstelle in der Hoffnung, dass sich dieses Blatt bald wenden wird.

Eines Tages beginnt sich das Rad des Schicksals zu drehen. Auf dem Weg zu Arbeit wird genau diese Person in einen schweren Unfall verwickelt. Schuldlos, aber schwer verletzt bangen Ärzte und Angehörige um ihr Leben. Ein Leben, das bis zu diesem Zeitpunkt rein äußerlich ein völlig normales Leben war. Die Eltern der Person waren der Meinung, sie habe alles im Griff. Einen Schulabschluss mit einer begonnenen Ausbildung in der Tasche. In ihrem Sinn lief alles nach Plan. Und plötzlich dieser Unfall. Welche Katastrophe!

Die Person, die schwer verletzt im Krankenhaus liegt, beginnt sich zu stabilisieren. Obwohl ihr die Ärzte keine guten Prognosen stellen, beginnt sie an ihrer Rehabilitation zu arbeiten. Ein schwerer Weg! Ein Weg mit vielen Hürden, ein Weg, der nicht erahnen lässt, in was für eine Richtung es mal gehen wird.

Einige Monate später, die Fähigkeiten zu sprechen und sich zu erinnern waren zurückgekehrt, fasst diese Person einen Entschluss. Sie schwört, wenn sie es jemals schaffen sollte, wieder auf die Beine zu kommen, wollte sie von nun an anderen Menschen mit schweren Schicksalsschlägen helfen. Ein tollkühner Entschluss, trotzdem ließ es ihr keine Ruhe. Sie hielt fest an diesem Gedanken, was dazu führte, dass die Stabilisierung ihres Körpers, die Gesundung sowie die Rückkehr ihrer Fähigkeiten sich beschleunigten. Fortan hatte sie stets dieses Ziel vor Augen, ein Ziel, das ihrem Inneren entsprach. Völlig unverständlich für die Außenwelt.

Zwei Jahre später begann sie erneut eine Ausbildung. Therapeutin wollte sie werden. Physiotherapie war das angestrebte Ziel. Es entsprach ihren Wünschen. Ihre Einschränkungen, die dazu führten, dass alles nicht mehr so schnell ging, spürte sie nicht.

Sie fand Menschen, die sie tatkräftig unterstützten. Menschen, die Hochachtung davor hatten, wie jemand, der durch physische Defizite so gekennzeichnet war, anderen Menschen mit schweren Einschränkungen helfen wollte. Ja, das war für viele Menschen unverständlich. Trotzdem ließ sich die betreffende Person nicht abbringen von ihrem Weg. Sie kämpfte sich durch die Ausbildung und schaffte es eines Tages, ein eigenes Therapiezentrum für Schädel-Hirn-Trauma Patienten zu eröffnen. Ein Lebenswerk mit der Folge, dass sie glücklich war.

In euren Augen ein schwerer Schicksalsschlag, in unserem Sinn die Umsetzung eines Lebensplans, wie es besser nicht sein kann. Zu tun, was euch vorgegeben ist. Bedenkt bitte immer, ihr habt alles geplant!

Ihr verfolgt damit bestimmte Absichten. Auch wenn es in diesem Leben nicht immer für Außenstehende nachvollziehbar ist, so bleibt es für den betroffenen Menschen eine Lebensaufgabe, die er meistern und schaffen wollte. Ein großartiger Plan! Findet ihr nicht auch?

Das Schicksalsrad, ein Kreislauf, in dem ihr zwangsläufig verstrickt seid, wenn ihr mit anderen Menschen in einem Leben Erfahrungen sammelt. Erfahrungen, die ausschließlich zum Lernen und Weiterentwickeln gedacht sind. Erfahrungen, die euch dazu bewegen werden, fortzufahren in euren Lebensmustern, den wichtigen Begebenheiten, die euch immer wieder dazu bewegen sollen, Änderungen herbeizuführen. Änderungen in eurem Verhalten, euren Denkweisen und eurem Tun und Handeln.

Die Denkweisen, verschiedene Ausgangspunkte, die wir bereits ausdrücklich betrachtet haben. Die immer wieder dazu führen, euch in Situationen zu bringen, die nicht unbedingt der eigentlichen Realität entsprechen. Eure individuelle Realität wird geprägt durch eure Auffassung, Meinung, die kulturellen Unterschiede und die Erziehung, die ihr genossen habt. Sozusagen ein anerzogenes System, in dem ihr denkt und fühlt. Eure individuelle Vorgehensweise, die euch immer wieder dazu bringen kann, auf dem Holzweg zu landen. Kommen dann noch verschiedene Eigenschaften eures Egos zum Tragen, verdeutlicht das immer wieder die Schwierigkeiten, mit denen ihr zu kämpfen habt. Gemeint ist der Selbstwert, das Gefühl der Nichtanerkennung, teilweise Hass und Eifersucht gepaart mit der Unfähigkeit, euch selbst zu lieben. All das führt zu Denkweisen, die mit der eigentlichen Realität nichts gemeinsam haben. Ein schwieriges komplexes Thema, das zu allerlei Verstrickungen führt. Meist auch zu Missverständnissen, Streitereien und Zerwürfnissen. Wir sprechen von karmischen Verstrickungen, in eurem Empfinden sind es nur die Schwierigkeiten, miteinander umzugehen.

Halten wir es fest an einem Beispiel! Ein Beispiel, wie es täglich in eurer Welt gelebt und erlebt wird.

Gehen wir davon aus, ein Kind, ausländischer Herkunft, geht in eine Schule. Seine Eltern sind erst vor 3 Jahren in dieses Land gezogen. In der Hoffnung arbeiten zu können, um vor der Verfolgung und den Peinigern in ihrem Land sicher zu sein. Gehen wir davon aus, die Familie kommt aus Nigeria. Schwierige Umstände hatten diese Familie dazu zu veranlasst, all das zu verlassen, was sie besessen hatten. Es war kein großer Besitz, aber sie konnten Jahre lang, zwar einfach, aber gut davon leben. Dann kam der Krieg. Ein Krieg, der viele Menschen dazu veranlasste, ihrem Land den Rücken zu kehren. Vater und Mutter ihrem Schicksal zu überlassen, um ein neues Leben zu beginnen.

Unter sehr schwierigen Bedingungen meisterten sie die Überfahrt, immer in der Angst, nicht zu wissen, was auf sie zukommt. Der Vater der Familie motivierte sie stets mit der Hoffnung, dass sich alles eines Tages bessern könnte. Der Anfang gestaltete sich sehr schwer. Die Anerkennung der Probleme ihrer Heimat, ihre zukünftige Unterbringung sowie der Kampf um das tägliche Brot zerrten sehr an ihren Nerven. Eine Zeit lang versuchte die Familie, von der Mildtätigkeit anderer zu leben, merkte aber schnell, dass das Wort „ich" in dem neuen Land eine ganz besondere Rolle spielte. „Ich" und „meins". Ja, das waren Worte, die das „Geben" sehr schwierig machten. „Meins zu geben", für viele Menschen ein Ding der Unmöglichkeit. Sehr oft wurden sie weggeschickt. Teils unter dem Vorwand, selbst nichts zu haben, oder mit den Worten: „Geh arbeiten, dann kannst du dir kaufen, was du möchtest und brauchst!" Worte, die nicht sehr hilfreich waren, denn keiner ließ sie arbeiten! Das Amt, der Staat hatte es gesetzlich verboten, bis geklärt war, ob sie bleiben durften. Ein Teufelskreis! Die Verzweiflung, die sie bereits von früher kannten, die Angst um ihr Leben und ihren Fortbestand, nahmen wieder zu. Ein Leben unter solchen Umständen, nein, das wollten sie so nicht! Arbeiten gehen und für sich sorgen können, selbst der Herr über ihr Leben zu sein. Ja, das wollten sie! Einfach nur leben. Ohne irgendwelche Ängste zu haben.

Eines Tages nahm ein Mann Kontakt zu ihnen auf. Er hatte von der Familie gehört. Einer Familie, die, wenn ihre Verfolgung nicht bald anerkannt wurde, ausgewiesen würde. Ausweisung in ein Land, dessen Möglichkeiten sehr begrenzt und wo das Leben sehr gefährlich war. Ein unhaltbarer Zustand, wie er fand. Er versuchte, sich für die Familie einzusetzen. Es musste doch irgendeine Möglichkeit geben, ihren Aufenthalt legitim zu machen! Eine Möglichkeit, die ihren Fortbestand in diesem Land sicherte und sie ihre Ängste bewältigen ließ.

Der Mann, einst selbst ein Auswanderer, konnte sehr gut nachvollziehen, was es für die Familie bedeuten würde, ein normales Leben führen zu können. Ein Leben ohne Angst und mit der Zuversicht, dass sich bald alles zum Guten wenden würde. Er selbst kam unter sehr widrigen Umständen in das neue Land. Nur mithilfe seiner Mutter fand er zu seinem neuen Leben. Seine Mutter war die Person, die ihn einst lehrte, zuversichtlich zu sein. Menschen nicht nur negativ zu sehen. Auch wenn es sehr viele von den nicht so guten gab. Ein Mann, ein Lehrer in seiner Schule, brachte ihm die wichtigsten Dinge bei. Nicht nur Lernstoff, auch die Kraft, alles umzusetzen. Seine innere Stärke nach außen zu kehren. Zu zeigen, wer er ist. Ja, das lernte er bei diesem Mann. Eine seiner wichtigsten Erfahrungen in seinem Leben. Erfahrungen, die ihn dazu veranlassten, selbst der Lehrer zu sein. Menschen in schwierigen Phasen zu begleiten, um zu zeigen, was möglich sein konnte.

Die Familie fing an, sich zu stabilisieren. Mithilfe dieses Mannes begannen sie sich zu integrieren. Sich sozusagen unter die Menschen zu mischen. Meinungen und Ansichten auszutauschen. Auch wenn die sprachlichen Barrieren immer wieder in den Vordergrund rückten, so sorgten sie oftmals für jede Menge

Spaß in der unterschiedlichen Art der Mitteilung. Ihr würdet sagen „mit Händen und Füßen". Trotzdem konnten sie sich verständlich machen und, ganz nebenbei, eine sehr menschliche Seite zeigen. Urteilsfrei und ohne Vorbehalte, die ihr sonst zeigt, wenn ihr Menschen ausgrenzt. Auszugrenzen, aufgrund eurer Selbsteinschätzung in der Annahme gebildeter oder sogar besser zu sein als sie. Das sind Aspekte, die einen ehrlichen und sehr bodenständigen Austausch blockieren.

Die Familie lernte die „andere Seite" kennen. Die Seite, die versprach zu helfen und dieses Versprechen auch hielt. Die Menschen, die sahen, in welch einer Not sie sich befanden. Die Menschen, die sie unterstützten, in der Hoffnung, ihr eigenes Wohlbefinden damit zu nähren. Menschen wie du und ich. Aber doch mit dem wesentlichen Willen ausgestattet, füreinander da zu sein.

Eine wertvolle Einstellung. Eine Einstellung, mit der man viel schaffen konnte!

Die Familie fand ihren erhofften Platz. Eine schöne Unterkunft, sparsam eingerichtet und mit vielen geschenkten Dingen ausgestattet. Aber es war „Ihres". Ihr kleines Stück neue Heimat, in der sie glücklich werden wollten. Ihre regelmäßigen Besuche beim Ausländeramt führten zu dem Ergebnis, dass sie Zuversicht haben konnten. Einen Stempel gab es noch nicht, aber das Versprechen, dass sich darum gekümmert werde. Ein Versprechen, das gehalten wurde! Zwei Jahre später hielten sie es schriftlich in ihren Händen. Was für ein denkwürdiger Tag!

Trotz der positiven Fügung hielt es die Familie nicht davon ab, sich Sorgen um ihre Lieben zu machen. Geld, das ihrer Meinung nach übrig war, schickten sie der Familie in ihrer alten Heimat. Geld, das sie sich vom Mund absparten. Trotz allem gaben sie es aus vollem Herzen. Immer in dem Gedanken, wichtig zu sein. Wichtig mit dem Wissen, durch ihr Weggehen doch etwas Sinnvolles getan zu haben. Sich aufgeopfert zu haben. Mit dem Preis, ihre Heimat zu verlassen.

Eines Tages wurde die Mutter der Familie krank. Ein unerklärlicher Virus hatte sie befallen. Ärzte rätselten um ihre

Erkrankung, doch niemand fand etwas. Die Mutter starb, noch bevor eine Ursache gefunden werden konnte. Es war ein sehr trauriger Tag. Ein Mann mit zwei Kindern, wie konnte das nur gut gehen?

Freunde der Familie sorgten dafür, dass die Kinder was zu essen bekamen. Freunde der Familie kümmerten sich darum, dass der Vater seiner inzwischen gefundenen Arbeit nachgehen konnte. Mit viel Liebe und Anteilnahme machten sie es möglich, dass die Kinder einen Anlaufplatz nach der Schule hatten.

Ein Freund ist ein wundervoller Mensch, der es ermöglicht, dass man Licht in dem Tal des Dunkels sehen kann.

Sicherlich hatte der Mann seine Schwierigkeiten, diese Hilfen anzunehmen. Trotzdem verstand er, dass sie von Herzen kamen. Er schwor, eines Tages, wenn es ihm wieder gut ging, sich dafür erkenntlich zu zeigen. Er war sehr geschickt mit den Händen, konnte gut mit Holz umgehen. Er war sich sicher, dass auch seine Hilfe später einmal gerne in Anspruch genommen würde.

Genauso kam es dann auch. Der Lehrer, der ihm einst half, sich in ein fremdes Leben einzufinden, wechselte seinen Wohnort. Leider hatte er sich kurz zuvor ein Bein gebrochen. Eine dumme Unachtsamkeit hatte ihn von einer Leiter stürzen lassen. Ein Bruch, der operiert werden musste und ihn für eine längere Zeit aus dem Gefecht zog.

Wäre da nicht dieser nigerianische Witwer gewesen, so hätte er diesen Umzug wohl nie geschafft. Er sorgte dafür, dass Menschen mit anpackten. Kisten schleppten, Fahrten machten, Möbelstücke von einem Ort zum anderen brachten. Ein Umzug, der in Windeseile über die Bühne gebracht wurde. War das nicht wunderbar! Der Lehrer bekam diese Hilfe, die er einst einer armen, hoffnungslosen Familie gegeben hatte, tausendfach zurück. Ein wunderschönes Beispiel für das Gesetz der Ursache und Wirkung. Geben und Nehmen, eine Einheit, die nie getrennt voneinander betrachtet werden sollte.

Und wenn das Rad sich dreht

Lasst uns gemeinsam ein Thema betrachten, das viele Menschen in ihrer Inkarnation beschäftigt. Ein Thema, das euch allerlei Schwierigkeiten bereiten kann. Hat dieses Rad einmal damit begonnen, sich zu drehen, wird es für euch unmöglich sein, daraus auszusteigen. Es handelt sich um das bereits erwähnte Schicksalsrad.

Das Schicksalsrad, eine Begebenheit, Vorkommnisse, Abläufe in eurem Leben, die euch oftmals verzweifeln lassen. Verzweifeln an eurer Unfähigkeit, hinter die Kulissen zu sehen. Zu sehen, wahrzunehmen, was es für Möglichkeiten und Auswege daraus geben kann.

Bestimmte Änderungen, die in euer Leben kommen oder gebracht werden, haben einen Grund! Viele von euch betrachten sie jedoch als Hindernisse, als Blockaden, die nicht immer zu überwinden sind.

Wir betrachten sie als eine Art „Haltestelle". Halt deswegen, weil es euch dazu bringen soll, über euer Leben nachzudenken. Zu erkennen, was gut oder schlecht läuft. Erkennen, ein Wort, das wir bereits erörtert haben. Ein Wort, das durchaus seinen Sinn hat. Erkennen, wahrnehmen, fühlen und schmecken, einfach hinzusehen. Ja, das ist etwas, das ihr bei solchen Haltestellen tun solltet. Sie haben durchaus ihren Sinn!

Gehen wir zu einem Beispiel:

Betrachten wir nun eine Familie, eine ganz normale Familie. Der Vater geht einer regelmäßigen Arbeit nach, die Mutter kümmert sich um die Kinder und den Haushalt. Nebenbei engagiert sie sich etwas im „Mildtätigen Dienst". Sie betreut alte Menschen, tätigt Einkäufe und schenkt ihnen ihr Ohr, wenn sie Sorgen haben. Auch hat sie schon hie und da Gefälligkeiten für sie getan, Anrufe getätigt usw. In eurem Sinn entspricht es der Nachbarschaftshilfe. Eine wundervolle Tätigkeit, aber schlecht entlohnt.

Die Kinder sind bereits herangewachsen, gehen beide in Schulen. Sie befinden sich täglich unter dem Druck, den euer Schulsystem vorgibt. Ein Druck, der nicht unbedingt glücklich macht. Trotzdem versuchen sie ihr Bestes, mal etwas besser, mal nicht so gut. Ein alltägliches Leben, kein Unterschied zu den vielen anderen Familien in eurer Existenzebene.

Eines Tages geriet der Vater in einen Unfall. Unverschuldet. Er stand in einer Warteschlange auf der Autobahn. Es war wieder einer dieser Morgen, an dem viel zu viel Berufstätige in die große Stadt drängten, um zu arbeiten. Ein Montagmorgen! An diesem Tag waren es immer mehr als sonst. „Es lohnt sich, das Haus schon eine Stunde früher zu verlassen", so dachte sich der Vater. Trotzdem stand er nun in diesem Stau, wartend wie alle anderen. Er hörte sich gerade die neusten Nachrichten im Radio an. Er war eigentlich ganz gelassen. Er hatte ein gutes Wochenende, war rechtzeitig losgefahren. Er war schon recht weit gekommen, als er kurz vor der Stadt in diesen Stau geriet. „Ich habe noch genügend Zeit!", so dachte er sich. Plötzlich dieser Knall.

Als er wieder aufwachte, sah er in fremde Gesichter, die auf ihn einsprachen. Es waren eigenartige Aufforderungen, die ihm sagten, dass er ruhig durchatmen und sich nicht bewegen sollte. „Nicht bewegen, warum nur?", dachte er. Doch als er genauer hinsah, begriff er sehr schnell, dass alles irgendwie anders war. Er saß nicht mehr in seinem Pkw, sondern lag auf einer Art Liege festgeschnallt. „Warum festgeschnallt?", dachte er sich. Aber selbst wenn er gewollt hätte, so konnte er sich nicht bewegen. Die Befehle, die er gedanklich an seine Arme weitergab, kamen scheinbar nicht an. Ein vollkommen verwirrender und absolut beängstigender Zustand! Bevor er darüber nachdenken konnte, schlief er schon wieder ein.

Die nächste Erinnerung holte ihn ein, als er in einem Raum wach wurde, der ihm völlig unbekannt war. Wieder neue, fremde Gesichter, die ihm mitteilten, dass er einen Unfall hatte. Der Unfall hatte dazu geführt, dass seine Halswirbelsäule geschädigt wurde. „Er solle sich auf keinen Fall bewegen!", legte man ihm noch einmal ans Herz.

„Eigenartig", dachte der Mann, „selbst, wenn ich wollte, so könnte ich nicht." Das Sprechen fiel ihm schwer, trotzdem versuchte er, den Leuten zu sagen, was nicht mehr ging. Apparaturen, die um ihn standen, verrieten ihm, dass er auf einer Intensivstation lag. Er hörte die Geräte piepsen, während eine ständige Unruhe auf dem Gang vor seinem Zimmer zu vernehmen war. Er nahm die Gespräche der Menschen wahr. Sie unterhielten sich über einen Mann, der querschnittsgelähmt war. Sprachen von einem Unfall, der scheinbar mehr geschädigt hatte, wie bisher angenommen. In diesem Moment, als er das hörte, stieg ein leiser Verdacht in ihm hoch. Meinten sie etwa ihn? Panik stieg in ihm hoch. Wo war seine Familie? Wo befand er sich überhaupt?

Die Tatsache, nicht zu wissen, was passiert war, wo er sich befand, war für ihn ein fürchterlicher Zustand! Er schwor sich, sobald eines dieser fremden Gesichter vor ihm auftauchte, eine Erklärung zu fordern.

Plötzlich beugte sich ein sehr freundliches, fast liebevolles Gesicht über ihn. Eine Frau, deren Augen ihm mitteilten, wie viel Anteilnahme sie an seinem Zustand hatte. Eine wahrhafte Anteilnahme, nicht diese „Das tut mir aber leid"-Anteilnahme. Ehrlichkeit war von ihren Augen abzulesen.

Wunderschöne Augen, wie er fand. Sie begann langsam und deutlich auf ihn einzureden.

Die Informationen, die sie ihm gab, waren so gravierend, dass sie zunächst beängstigend auf ihn wirkten. Trotzdem schaffte es die angenehme und sanfte Art ihrer Person, in ihm eine gewisse Hoffnung zu erwecken. Sie sei Ärztin, teilte sie ihm mit. Neurochirurgin. Ein Berufsbild, das, wie er wusste, sehr oft mit schweren Unfällen, Verletzungen und Schädigungen wichtiger Nerven in Verbindung stand. Sie sprach davon, dass die Möglichkeiten der Wiederkehr seiner Fähigkeiten, zu gehen, sich zu bewegen, momentan sehr gering seien. Sie wolle ihn operieren, um zu sehen, was für Schädigungen vorhanden waren. Und um zu retten, was noch zu retten war! Ja, das waren ihre Pläne, die sie ihm eröffnete. Ehrliche Worte, verbunden mit einer ehrlichen Absicht.

Der Mann sah sie verdutzt an. Sie sprach doch nicht wirklich über ihn? Trotz allem überkam ihn ein seltsames Gefühl der Ruhe bei dem Gedanken, sich in die Hände dieser Frau zu begeben. Er musste nicht lange überlegen und willigte in diese Operation ein.

Bis zu diesem Zeitpunkt hatte er weder von seiner Familie gehört, noch wusste er, ob sie inzwischen verständigt waren. Trotzdem war ihm klar, dass dies momentan nicht so wichtig war. Schließlich musste er jetzt sehen, dass er „wieder auf die Beine kam".

Die Zeit zwischen der Eröffnung seines Befundes und dem Moment, bis er zur OP abgeholt wurde, wollte nicht vergehen. Gedanken der Angst, der aufkommenden Panik und der Hoffnungslosigkeit überkamen ihn in regelmäßigen Wellen. Zwischendurch schien er immer wieder einzuschlafen. Seine Erschöpfung, in Verbindung mit den Medikamenten, die man ihm verabreichte, hinderte ihn daran, wach zu bleiben. Er bekam zwar mit, wie sie ihn wegbrachten. Er nahm einzelne Stimmen der Personen wahr, das leise Rollen seines Bettes. Und immer wieder das Piepsen der Apparaturen. In den Augen der anderen Personen schien er aber nichts mitzubekommen.

Als er wieder aufwachte, schien schon eine sehr lange Zeit vergangen zu sein. Das vertraute Gesicht seiner Frau blickte ihn erwartungsvoll an. Ein besorgtes Gesicht, das erkennen ließ, dass sie geweint hatte. Ihre Augen waren dick geschwollen und gerötet.

Die Kinder seien bei ihrer Mutter, sprach sie. Ihnen ginge es gut! Eine erwartungsvolle Stille trat ein. Eine Stille, die vermuten ließ, dass sie nach Antworten suchte. Antworten, die ihr sagten, dass sie sich keine Sorgen machen musste. Antworten, die ihr preisgaben, dass ihr Mann auf dem Weg der Besserung war. Nichts von alledem konnte er ihr beantworten. Zuzugeben, selbst nicht zu wissen, wie es weiterging, das war seine Antwort, die er ihr geben musste. Doch er konnte es nicht. Zu sehr war er von den Ängsten geplagt, dass er nicht mehr für seine Familie sorgen konnte. Dass er ihr sagen musste, dass alle seine Träume, all das, was er sich aufgebaut hatte, zu zerfließen schien. Ohne nur eine Möglichkeit zu haben, diesen Prozess aufzuhalten. Bewegungslos zu sein. Sich nicht bewegen zu können, der Ausdruck seines Körpers, der Situation und der maßgeblichen Zukunft, die nicht mehr zu existieren schien. Ein aussichtsloser Kampf, den er bereits verloren hatte. Ja, so dachte er.

Doch das verriet er niemandem. Auch nicht seiner Frau, die mit viel Liebe und Mühe dabei war, das bisschen Leben, das er hatte, aufrechtzuerhalten.

Wollte er das überhaupt? Wollte er überhaupt noch leben? Diese Frage ging ihm nicht mehr aus dem Kopf. Diese Aussage, die allerdings voraussetzte, dass er in der Lage wäre, dieses Leben zu beenden. Ein Leben zu beenden, das keines mehr war. Ja, so dachte er.

Den Schwestern im Krankenhaus fiel auf, dass er von Tag zu Tag stiller wurde. Kein Lächeln mehr, keine kurzen, flapsigen Bemerkungen über seine lahmen Beine, nichts mehr, was darauf schließen ließ, wie es ihm ging. Nur noch die apathischen Blicke an eine weiße Decke, darauf wartend, dass man ihn wusch, drehte und reinigte. Er befand sich in dem fürchterlichen Zustand der absoluten Hoffnungslosigkeit.

Eines Tages wurde seine Frau zu einem Gespräch mit der behandelnden Ärztin eingeladen. Die Ärztin sprach von der aktuellen Situation, dem seelischen Zustand ihres Mannes, der es verhinderte, dass die Funktionen, die eigentlich wieder zurückkehren müssten, vollkommen brachlagen. Funktionen, die rein physiologisch vorhanden waren, doch scheinbar blockiert wurden durch die schwere Depression, mit der ihr Mann kämpfte.

Tränen stiegen in der Frau hoch. Tränen der Angst, der Wut, mit allem alleine zu sein, aber auch Tränen des Mitleids und des tiefen Gefühls der Liebe zu ihrem Mann. Wie konnte sie ihm nur helfen? Eine Frage, die auch die Ärztin nicht beantworten konnte.

Es vergingen Tage und Wochen. Ein Tag war wie der andere. Kein Hin und kein Zurück. Nur dieser fast aussichtslose Zustand, der es unmöglich machte, Hoffnung und Zuversicht zu gewinnen.

Seine Frau versuchte in dieser Zeit ihr Bestes. Sie versorgte die Kinder, ging ihrer ehrenamtlichen Tätigkeit nach und fuhr in den frühen Abendstunden zu ihrem Mann, um nach ihm zu sehen. Wieder wurde sie zu einem Gespräch mit der Ärztin gebeten. Ein Gespräch, das ihr all die Hoffnung und Zuversicht nahm, die sie noch hatte. Man hatte ihren Mann als hoffnungslosen Fall abgestempelt. Sein psychischer Zustand verhinderte jede Art der physischen Besserung. Funktionen, die bereits messbar waren, die mit Sicherheit eine Bewegung möglich machen konnten, waren vollkommen erstarrt. Ertrunken in seiner Depression, dem Zustand der Hoffnungs- und Machtlosigkeit. Ein momentan aussichtsloser Zustand. Diese Mitteilung traf die Frau sehr hart. So sehr hatte sie gehofft, dass es nur ein vorübergehender Zustand sei. Eine Schädigung, die heilbar war. Ja, davon ging sie aus. Tagtäglich, wenn sie ihre Kinder versorgte, den Haushalt erledigte und sich darum kümmerte, dass das Leben weiterging. Und nun das!

Sie dachten darüber nach, ihn in eine psychiatrische Klinik verlegen zu lassen, so sagte man ihr. „Eine psychiatrische Klinik", dachte sie, „was für eine Katastrophe!" „Nicht nur, dass er unverschuldet so daliegt, nein, jetzt schiebt man ihn auch noch zu den Verrückten ab!" Das wollte und konnte sie nicht zulassen!

Sie vereinbarte mit der Ärztin eine Entlassung nach Hause. In sein gewohntes Umfeld, wo er das Lachen seiner Kinder und das Bellen seines Hundes hören konnte. Eine psychiatrische Klinik, das kam für sie überhaupt nicht infrage! Es verging noch eine Weile, bis man ihren Mann entließ. Ein Krankenwagen brachte ihn liegend in sein Zuhause. Ein Zuhause, das mittlerweile auf seine Bedürfnisse abgestimmt war. Ein Pflegebett stand im Wohnzimmer. Der Raum war größer und hatte mehr Licht. Ein Raum, von dem er mühelos auch mal in den Garten gelangen konnte. Das war seiner Frau wichtig. Ein Leben daheim, aber auf seine Bedürfnisse abgestimmt.

Ihre Mutter versprach, sie dabei zu unterstützen. Bei der Pflege ihres Mannes, aber auch bei der Versorgung ihrer Kinder. Ja, das versprach ihr ihre Mutter und hielt ihr Versprechen.

Es war keine einfache Zeit für die Familie. Trotz allem waren die Kinder froh darüber, ihren Vater wieder bei sich zu haben. Allerdings bemerkten sie auch schnell, dass mit ihm etwas nicht stimmte. Eine seltsame Stille umgab ihn. Kein Lachen, kein Schimpfen, nichts kam aus seinem Mund. Etwas, das sie nicht von ihm kannten. Ein völlig fremder Mann und doch ihr Vater. Etwas fehlte ihm, etwas ganz Entscheidendes. Die Lebendigkeit! Lebendigkeit, die Voraussetzung, um zu leben. Ja, die fehlte ihm.

Im Laufe der Zeit fiel der Familie auf, dass sich sein Zustand zu stabilisieren schien. Zuerst dieses Augenzwinkern, ein kleiner Hauch von Regung. Dann seine Mimik und Gestik, und auch sein Lächeln kam Stück für Stück zurück. Und allmählich auch die Bewegung. Die Bewegung seines Kopfes, die Bewegung seiner Hände. Nur die Beine, nein, die wollten sich noch nicht bewegen.

Trotzdem stimmte dieser erste Erfolg die Familie zuversichtlich. Sie sahen die kleinen Fortschritte, die er täglich machte.

Schon kurze Zeit später geschah etwas Unerwartetes. Eines der Kinder kam gerade aus der Schule. Bis zu diesem Zeitpunkt war der Vater noch nicht in der Lage zu zeigen, wie sehr er sich über die Rückkehr seiner Kinder freute. Doch diesmal wurde es mit dem hoch erhobenen Arm seines Vaters begrüßt. Ein Winken, eine Begrüßung, die bis dahin sehr lange nicht mehr möglich war. Für das Kind war es ein wunderbares Gefühl, den Vater so zu sehen.

Sein Zustand stabilisierte sich immer mehr, er begann wieder zu reden und auch wieder von der Zukunft zu sprechen. Einer Zukunft, die für ihn wieder zu existieren schien. Eine für ihn wunderbare Zukunft, in der das Thema „Miteinander" wieder eine Rolle zu spielen schien. Seine Frau war noch misstrauisch. Zu sehr hatte sie darum gekämpft, dass er wieder gesund wurde. Zu sehr hatte sie gebangt, dass ihn die Krankheit Depression nicht aus ihren Krallen ließ.

Hoffnungsschimmer, die hin und wieder sichtbar wurden, tat sie ab mit dem Gedanken, das bilde sie sich nur ein!
    Doch jetzt schien er wieder zurückzukehren, zu seiner Familie und vielleicht auch irgendwann wieder zu ihr. Der Vater begann zu planen. „Für die Zeit danach", so sagte er. Sicher war, er wollte auf keinen Fall mehr in sein Büro zurückkehren. Sicher war, dass er jetzt mehr Zeit mit seiner Familie verbringen wollte. Und bewusst wurde ihm, wie wichtig es war, Menschen um sich zu haben, die einen lieben. Eine wundervolle Erkenntnis! Vollgepackt mit guten Ansätzen, um sein Leben zu verändern. Er begann sich mit seiner Zukunft zu beschäftigen. Mit der Planung, wie es weitergehen sollte. Dass die Funktion seiner Beine zurückkehrte, registrierte er nur beiläufig. Bloß seine Frau und die Kinder bemerkten die immensen Fortschritte, die er in dieser Zeit der Planung machte. Ein Ziel mit dem Wissen, wohin

es gehen soll – der Weg, den er „gehen" kann. Das hatte dieser Mann wieder gefunden. Den Weg, den er gehen wollte und musste, um glücklich zu sein. Erst jetzt bemerkte er, was ihm immer gefehlt hatte. Erst jetzt registrierte er, wie fad seine Arbeit war und wie unglücklich sie ihn vorher gemacht hatte. Eine Arbeit, zu der er nur fuhr, um seine Familie zu ernähren und die Hypothek abzubezahlen. Alles Verpflichtungen, die wichtig und schön waren, aber ihn dazu brachten, an einen Arbeitsplatz zu gehen, der ihn nicht glücklich machte. Warum war ihm das nicht schon früher aufgefallen? Eine unerklärliche Freude stieg in ihm auf. Endlich die Erkenntnis zu gewinnen, dass er jahrelang ein Muster lebte, das ihn eigentlich nicht glücklich machte. Plötzlich waren sie da, die Werte, worauf es ankam. Die Liebe seiner Familie, die Wertigkeit des Miteinanders und des Zusammenhalts. Eigenschaften, die unbezahlbar waren.

Der Mann schwor sich, sein Leben auf „neue Beine" zu stellen. Beine, die erst krank werden mussten, damit er erkennen konnte, dass er auf einem falschen Weg war. Der Weg, der ihn zur Klarheit brachte. Ein Unfall in diesem Sinn – ein wundervolles Geschenk.

Der Weg der Veränderung

Wir fahren fort mit einem Thema, das ich als eine Gelegenheit betrachte, Existenzen und all das, was dazu gehört, als einzigartige Bereicherung zu sehen. Bereichernd deswegen, weil ihr euch stetig weiterentwickelt. Entwicklung bedeutet, dass ihr euch in einem ständigen Prozess befindet. Erfahrungen, die euch reifen lassen. Ein wichtiger Prozess, der euch als Seele auf eine gewisse Art und Weise weitergehen lässt. In dem sogenannten Schicksalsrad, dem Reinkarnationszyklus und vor allen Dingen in dem jetzigen zu erfahrenden Leben. Denkt stets daran, es ist wichtig! Ihr werdet Wege gehen, die nicht immer einfach zu sein scheinen. Wege, die euch zerbrechen lassen, wenn eure Ängste überhandnehmen. Die Erkenntnisse, das Lernen und Begreifen, die Quintessenz aus den Erfahrungen, die ihr machen werdet. Ich nenne es wichtige Lernprozesse, die euch stetig weitergehen lassen in eurer Weiterentwicklung.

Denkt immer daran, ihr habt es so gewählt. Es hatte einen Grund, einen ganz bestimmten Zweck. Der Weg, die Lernerfahrung oder auch der sogenannte „Schicksalsschlag", all das waren Mittel und Zwecke, euch zu erfahren.

Viele von euch werden jetzt denken: „Was habe ich mir nur dabei gedacht! Fast schon naiv muss ich gewesen sein, um all das zu wählen, auszusuchen und zu planen!" Aber genau das Gegenteil ist der Fall. Ihr wart zuversichtlich und hattet Vertrauen. Eigenschaften, die in dem aktuell gelebten Leben oftmals zu kurz kommen.

Vertrauen, ein Antrieb für eine Handlung oder ein Tun, das euch nicht immer erahnen lässt, in was für eine Richtung es gehen wird.

Ja, ungestüm wart ihr, als ihr geplant habt. Nicht naiv, eher mutig, würde ich sagen. Vertrauen in euch selbst. Eine Grundvoraussetzung für euer Tun. Großartig, würde ich sagen, aber nicht immer finde ich in diesem Denken eure Zustimmung.

Eure Emotionen, die Verzweiflung, die Angst, die Beklemmung. Alles Hindernisse, die euer Weiterkommen blockieren. Lasst es nicht so weit kommen, holt euch Hilfe! Hilfe aus der geistigen Welt. Sie warten so sehr darauf, dass sie helfen dürfen. Wege aufzuweisen, all das kann die geistige Welt. Wendet euch an Menschen, die in der Lage sind, Verbindungen herzustellen: Medien, die Vermittler zwischen Erde und geistiger Welt. Wir zeigen euch, wie ihr sie findet. Immer mehr und mehr werden es. Es gibt sehr viele Probleme in nächster Zeit, die einige von euch verzweifeln lassen. Holt euch die Hilfe, sie steht jederzeit für euch bereit. Wir warten darauf, helfen zu können.

Bleibt am Ball in Bezug eures Weitergehens. Weiterzugehen, eine Eigenschaft, Dinge und Begebenheiten hinter sich zu lassen. Loslassen, ein Thema, dem eine gewisse Wichtigkeit zukommt, um weiterzugehen. Den Ballast, der alles beschwert, abzuwerfen. Mit Ballast geht es sich sehr schwer! Er wird immer wieder dafür sorgen, dass ihr zurückfallt. In eurem Tun und Denken. Muster, die ihr lebt, Muster aus euren Erfahrungen von einst. Meist aus eurer Kindheit, in der ihr Einsichten gewonnen habt, die euren kindlichen Eindrücken entsprachen. Sie haben aber nichts mehr mit eurem erwachsenen Tun gemein. Schaut sie euch an, eure Muster und Verhaltensweisen. Schaut es euch an, euer Leben mit seinen Facetten der Vergangenheit und der Gegenwart. Betrachtet eure Entwicklung, die ihr bis jetzt gemacht habt. Und erkennt, dass ihr viele Verhaltensweisen, an denen ihr festhaltet, gar nicht mehr leben müsst. Sie haben nichts mit eurem momentanen Leben, dem Zustand, in dem ihr seid, und den Angewohnheiten, die ihr habt, zu tun. Seht euch alles an, es ist wichtig! Des Weiteren fordern wir euch dazu auf, endlich eure Wünsche und Bedürfnisse umzusetzen. Sicherlich führen sie euch auf einen Pfad, der für euch auf den ersten Blick nicht den sogenannten Durchblick bringt. Aber ihr werdet schnell bemerken, dass dieser Pfad, so unergründlich er auch sein mag, euch in das Glück und in die Liebe bringt. Die Liebe und die Gemeinsamkeit, Grundvoraussetzung für ein gutes Leben miteinander.

Das Leben miteinander wird in nächster Zeit Vorderhand bekommen. Für viele von euch ein absolutes Muss! Manchmal wird es euch auf eine gewisse Weise sehr massiv und gewaltig beigebracht. Katastrophen, egal ob sie allgemeiner oder persönlicher Natur sein werden. Sie werden euch zeigen, wie wichtig es ist, mitmenschlich zu sein. In Liebe deinem Nachbarn, Arbeitskollegen und deinen Familienmitgliedern zu begegnen. Die diese wunderbaren Eigenschaften jetzt noch nicht leben, müssen erleben, wie man es lernt. Ein wichtiger Prozess, der euch in Richtung Zufriedenheit, Wohlbefinden und Glück für alle bringt. Menschen/Seelen, die sich dazu nicht bereit erklären, werden die Möglichkeit des Ausstiegs bekommen. Ob es nun ein selbst gewählter Ausstieg oder ein kollektiver Ausstieg sein wird. Das spielt keine Rolle. Fakt wird sein, dass nur Seelen weiterkommen, die bereit sind, sich den neuen Gesetzgebungen zu fügen. Sich der Liebe, Gemeinsamkeit und dem Miteinander zuzuwenden. Ein sehr wichtiger Prozess. Bleibt immer in dem Wissen, dass alles in eurem Sinn und mit großer Freude von unserer Seite aus geschieht. Eine einzigartige Möglichkeit, den Aufstieg zu beschleunigen. Ich bin zuversichtlich, dass ihr es schaffen könnt.

All das Schlechte in eurer Welt, die Korruption, das Morden, die Art und Weise, wie mit Lebewesen, egal ob Mensch oder Tier, umgegangen wird, muss bald ein Ende haben. Gaia erwartet diesen Prozess sehnsüchtig. Auch sie ist geläutert, zeigt große Wunden, die heilen müssen. Aber dafür braucht es eure liebevolle und wertschätzende Energie. Zu ehren, was euch an

Ressourcen bereitgestellt war. Zur Ursprünglichkeit zurückzukehren, dieses Anliegen steht an vorderster Stelle. Ursprünglichkeit, die ein jeder von euch in sich trägt. Jeder weiß, wie er leben möchte. Jeder weiß, wie er handeln würde. Jeder von euch kann etwas ändern. Die dunklen Energien werden in den Hintergrund gedrängt. Liebe, Mitmenschlichkeit, Zusammengehörigkeit sind sehr machtvolle Faktoren, die es den dunklen Energien unmöglich macht, weiter zu bestehen. Lasst uns gemeinsam diesen Weg gehen, wir unterstützen euch, wo wir nur können. Eine positive Zukunft, ein lichtvolles Weiterbestehen ist in Sicht.

Eure Existenz auf der Erde, unserer Gaia, wird sich in den nächsten Jahrzehnten drastisch ändern. Systeme, die mit Druck, Gewalt und Nichtachtung der Menschlichkeit bestehen, werden ein Ende haben. Das heißt auch, dass viele ihren Arbeitsplatz verlieren werden. Arbeitsplätze, die Art und Weise, wie ihr arbeiten/wirken werdet, werden ein völlig neues Gesicht bekommen.

Wirkungsstätten, Plätze, an denen produziert und hergestellt wird, werden Orte der Gemeinsamkeit werden. Produktionsstätten, die gemeinsam, für die Gemeinschaft herstellen werden. Keiner wird benachteiligt. Jeder wird das tun, was ihm liegt. Die Anlagen, die jeder von euch mitbringt, werden gefördert. Ja, das wird in Zukunft euer Tenor sein. Wieder Spaß und Freude bei der Arbeit zu haben.

Ihr werdet selbst entscheiden, wo und wie lange ihr arbeitet.

Alles kann nur möglich werden, wenn ihr euer Denken ändert. Ein Denken, das jetzt begleitet wird von Neid und Missgunst. Umgewandelt zu einem Denken von Vertrauen und Gemeinsamkeit. Keiner wird mehr Neid auf einen anderen haben. Keiner wird mehr denken, er tut etwas Minderwertiges und wird schlecht dafür entlohnt. Keiner wird das Gefühl haben müssen, unter dem „Scheffel" zu stehen. Das glaubt ihr nicht? Wartet ab.

Auch das Gesicht eurer Straßen und Häuser wird sich ändern. Ökologie wird an erster Stelle stehen. Energieressourcen, all das, was ihr heute für die Produktion von Strom, sauberem Wasser, die Betreibung eurer Motoren braucht. All das wird sich schrittweise ändern. Änderungen, die in Richtung Sauberkeit eurer Straßen und der Atmosphäre gehen. Sauberkeit bei der Produktion der lebensnotwendigen Dinge wie Nahrung, Bekleidung und der Bedarf eures täglichen Lebens. Alles wird ein vollkommen neues Gesicht bekommen. Eure Fortbewegung wird sich ändern. Autos, so wie ihr sie heute kennt, wird es bald nicht mehr für jeden geben. Ihr braucht sie aber auch nicht mehr in dem Sinne, da eure Fortbewegung eine andere Form annehmen wird. All das passiert, verändert sich in den nächsten Jahrzehnten.

Science-Fiction? Vielleicht? Unserer Meinung nach sind es notwendige Änderungen, um die Welt zu retten.

Von unserer Seite sind es eindrückliche Hinweise in Richtung Freiheit, Unbeschränktheit. Hinweise die, wenn man sie auf einmal und im Gesamt betrachtet, Angst machen können. Aber ihr könnt sicher sein. Alles passiert Schritt für Schritt. Alles geht seinen Weg, mal schneller, mal langsamer. Keiner muss und wird das Gefühl haben müssen, die Fortschritte, die Änderungen und all das, was bevorsteht, nicht mitmachen zu können. Seid gewiss, es geschieht alles zu eurem Besten.

Die Welt braucht diese Veränderungen. Zu sehr hat sie erleben müssen, wie sie in Sklaverei, in der Einschränkung eures eigenen Denkens, in den Zwängen der Wirtschaft und noch viel mehr leben musste. All das muss jetzt ein Ende haben! Zu sehr sehnen sich die Menschen, all die Seelen, die mitmenschlich, wertschätzend und mitfühlend sind nach Veränderung. Seid euch gewiss, sie wird kommen!

Reinigungsverfahren

Wenn wir von einem Reinigungsverfahren sprechen, hat das immer etwas damit zu tun, dass alte Energien, Programmierungen, Verhaltensmuster usw. wie weggefegt werden. Ein jeder von euch hat es schon erlebt. Ein jeder von euch hat es schon gespürt. Wenn die Zeit gekommen ist, „klar Schiff" zu machen. Das können Gespräche, Handlungen und Veränderungen sein. Sie können den privaten Teil, euer Berufsleben, aber auch den Teil eurer Freund- und Bekanntschaften betreffen.

Reinigungen sind meist dann erforderlich, wenn ihr spürt, dass etwas oder ihr nicht mehr im Gleichgewicht seid. Gefühlszustände, aber auch Situationen, die nicht eurem Selbst entsprechen. Meist ein Prozess, der sich in längeren Zeitspannen anbahnt. Meist ein Prozess, der, je nachdem, wie gut ihr mit euch seid, mal schneller, aber auch langsamer in die Bearbeitung kommt.

Wenn ich von Prozessen spreche, so heißt dies, dass es sich um Zeitspannen handelt, die teilweise sehr lange dauern können. Die Zeit, ein System, das es nur bei euch gibt. Es enthält Tage, Wochen und Jahre, in denen die Ursachen und die darauffolgenden Wirkungen stattfinden. Die Ursache, der Anfang von einer Begebenheit oder eines Prozesses kann sehr weit entfernt von einer Wirkung sein. Trotzdem seid euch gewiss – die Wirkung erfolgt immer und mit absoluter Gewissheit.

Lasst uns zu einem Beispiel kommen:
Wir wollen nun über eine Familie sprechen. Eine Familie, die sich im Wesentlichen nicht von den anderen Familien unterscheidet.

Vater, Mutter und zwei Kinder. Die Eltern befinden sich momentan im mittleren Alter.

Ein Alter, das nicht immer leicht zu erleben ist. Es handelt sich meist um eine Zeitphase, die geprägt ist von Arbeit, dem Aufbau einer Existenz sowie der Kindererziehung. Ein Alter, in der die Kraft, alles schaffen zu können, noch da ist, allerdings schon von Einbrüchen begleitet wird, wenn die Belastung überhandnimmt. Die Tage verlaufen einer wie der andere. Arbeiten gehen, nach Hause kommen, Kinder versorgen. Für das alltägliche Leben und dessen Bequemlichkeit sorgen. Das tut ihr – tagein, tagaus!

Nun lasst uns zu einem Vorfall kommen, der für die Familie, besonders für den Vater, ein Erlebnis ist, das ihn prägen wird. Ich spreche von einer Krankheit. Einer Krankheit, die zu Beginn sehr undurchsichtig scheint. Einer Krankheit, bei der nicht abzusehen ist, um was es sich handelt und ob sie therapierbar ist.

Einer Krankheit, die nicht von heute auf morgen begann. Eine Art Unwohlsein, das sich bereits einige Wochen davor langsam in sein Leben schlich. Ein Unwohlsein, begleitet von einer unerklärbaren Müdigkeit wie auch dem Zustand einer drastischen Kraftlosigkeit. Ein Zustand, der es unmöglich machte, das tägliche Leben wie gewohnt fortzusetzen. Als der Mann zum Arzt ging, sprach dieser von einer Depression.

„Depression, ein Wort, das sich bedrohlich anhört", dachte der Mann. „Depression, quasi psychisch krank." Depressiv, nein, das war er nicht! Der Mann glaubte den Worten des Arztes nicht, lehnte jede Therapie diesbezüglich ab. Er versuchte, sein Leben wie gewohnt weiterzuführen, merkte aber, dass ihm immer mehr die Kräfte ausblieben. Eines Tages stand er nicht mehr auf. Mit regloser Miene lag er in seinem Bett, unfähig, irgendetwas zum täglichen Leben beizutragen.

Seine Frau und auch seine Kinder waren verzweifelt. Sie versuchten, so gut es ging, dem Vater zu helfen und ihn zu unterstützen. Sie standen fast täglich an seinem Bett, mit guten

Worten und den Versprechungen, dafür alles zu tun, nur damit er wieder aufstand.

Seine Frau hatte mittlerweile die Ärzte konsultiert, die ihr rieten, ihn stationär behandeln zu lassen. Schließlich, nach langem Überlegen, willigte sie dazu ein. Es fiel ihr nicht leicht, Entscheidungen über den Kopf ihres Mannes zu treffen.

Trotzdem wollte sie ihm helfen, mit der Hoffnung, dass er eines Tages wieder der Mann war, den sie liebte und einst geheiratet hatte. Jetzt, so wie er war, konnte und wollte sie nicht mehr weitermachen.

Der Mann kam in die Klinik. Eine dieser Kliniken, die von außen einen sehr trostlosen und kahlen Eindruck erwecken. Ein industriemäßiger Bau, der eigentlich einer Fabrik ähnelte, aber nicht wie ein Krankenhaus aussah. „Klapsmühle", wie viele Leute sagen würden. Was konnte man da schon erwarten? Vereinzelt befanden sich Gitter an den Fenstern. Die Türen waren abgeschlossen. Gleichsam wie im Gefängnis. Ein sehr beklemmender Anblick. Eine sehr bedrückende Situation. Die Kinder des Mannes konnten sich mit der Entscheidung der Mutter nur sehr schlecht abfinden. Sie mieden den Besuch bei ihrem Vater. Sie wollten auf keinen Fall vor diesem Gebäude gesehen oder gar damit in Verbindung gebracht werden. Auch in der Schule sagten sie nichts. Zu sehr schämten sie sich für den Zustand und das Problem ihres Vaters.

Seine Frau versuchte Haltung zu bewahren. Nachfragen von Freunden und Bekannten beantwortete sie meist ausweichend, immer mit der Aussage, er sei auf dem Weg der Besserung. Nur stimmte das leider nicht. Eine Besserung war nicht in Sicht, sein Zustand seit Wochen unverändert.

Medikamente, die man ausprobierte, schlugen nicht an. Ihr Mann war weiterhin kataton, der Zustand eine Art Versteifung der völligen Bewegungsunfähigkeit. Rein objektiv ein Pflegefall, der es ihr nicht möglich machte, nur im Entferntesten an ihn ranzukommen. Seine Frau war verzweifelt. Nicht nur die Verantwortung für die Familie, nein, auch das Alleinsein war für sie sehr belastend. Allein zu sein, ein Zustand, der ihr Angst machte. Allein zu sein, eine altbekannte Erfahrung aus ihrer Kindheit. Diese Erfahrung veranlasste sie immer wieder, in ihrem Leben fade Kompromisse einzugehen. Um eben nicht allein sein zu müssen! Viele Menschen waren ihr bis dato auf ihrem Weg begegnet. Menschen, die ihr ihre Unzulänglichkeit spiegelten. Menschen, die sie dazu veranlassten, immer wieder Worte, Gefühle und all das, was sie ärgerte, runterzuschlucken. Unausgesprochene Worte der Wut, der Wut über sich selbst, aber auch der Wut über die anderen. Ihr Leben empfand sie nie sehr einfach. Immer wieder hatte sie das Gefühl, kämpfen zu müssen. Kämpfen um alles Mögliche. Angefangen um die Freundschaften in der Schule. Sie war immer Außenseiterin. Ein wohlbehütetes Kind sehr ängstlicher Eltern. Sie waren fast schon zwanghaft ängstlich und nicht in der Lage dazu, dem Kind ein Stück Freiheit zu lassen. Sie lebten immer in der Angst, ihr könnte etwas passieren. Dem Kind fehlte es an nichts. Es hatte immer schöne Kleidung. Auch die alltäglichen Dinge, wie ein schöner Schulranzen, ein gutes Mittagessen, wenn sie nach Hause kam. All das wurde diesem Kind ermöglicht. Die Mutter des Kindes hatte extra auf ihre beruflichen Wünsche verzichtet, um dem Kind ihre volle Aufmerksamkeit zu schenken. Eine Aufmerksamkeit, die es möglich machte, dass genau dieses Kind nie alleine sein musste.

Eines Tages bekam sie einen Anruf. Ein Arzt, der ihr mitteilte, dass ihr Mann einen Selbstmordversuch unternommen hatte. Kein Mensch wusste, warum, noch wie er es geschafft hatte, das Gebäude zu verlassen und sich vor ein Auto zu werfen. Die Frau war geschockt. Man erzählte ihr, dass man ihn auf der Straße gefunden hatte, nur spärlich bekleidet, aber wie sich später herausstellte, nur leicht verletzt. Die Frau, die hörte, was man ihr sagte, konnte es nicht glauben. Scheinbar eine Geschichte über einen fremden Menschen, aber doch nicht über ihren Mann! Sie hatte Schwierigkeiten, der Aussage des Arztes zu glauben. Man sagte ihr, dass man ihn zur Behandlung in eine andere Klinik gebracht hatte. Natürlich wollte sie ihn besuchen, deswegen machte sie sich gleich auf den Weg.

Als sie die Tür des Krankenzimmers öffnete, traute sie ihren Augen nicht. Da lag tatsächlich ihr Mann.

Sie hatte bis zu dem Moment, als sie dieses Zimmer betrat, fest angenommen, dass die Ärzte sich getäuscht hatten. Ihr Mann würde so etwas nie tun, davon ging sie aus. Ihr Leben war doch in Ordnung. Kein Problem konnte so schlimm sein, dass er sich das Leben nehmen wollte. Nein, das konnte und wollte sie nicht glauben. Trotzdem fand sie die Kraft, sich an sein Bett zu setzen.

Er schien zu schlafen. Die zuständige Krankenschwester hatte sie bereits darauf hingewiesen, dass man ihm ein beruhigendes Medikament verabreicht hatte. Ein Medikament, das ihn relativ schnell in einen tiefen Schlaf fallen ließ. Seine Augen, sein Gesicht verrieten, dass er viel durchgemacht hatte. Sein Bein lag im Gips, auch seine Arme trugen Verbände.

Worte kamen ihr in den Sinn. Worte, die nie ausgesprochen wurden. Worte der Wut, Worte der Verzweiflung. Worte, die ihn sicherlich verletzen würden, wenn sie darüber sprach, so fürchtete sie. Also schwieg sie. Sie schwieg so lange, bis er schließlich aus seinem dämmrigen, künstlichen Schlaf aufwachte. Sie schwieg auch noch, als er langsam auf dem Weg der Besserung war. Seine körperlichen Wunden heilten problemlos. Nur die Wunde in ihrem Herzen blutete.

Eines Tages, ihr Mann war auch psychisch wieder auf dem Weg der Besserung, entschloss sie sich, diese Worte auszusprechen. Zu sagen, was ihr auf dem Herzen lag. Lasten loszuwerden, die sich bei ihr mittlerweile in Atemnot und Beklemmungszuständen niederlegten. Ihre Schilddrüse hatte angefangen, etliche Ungereimtheiten zu zeigen. Stoffwechselstörungen, hatte ihr

Arzt gesagt: Er wüsste nicht unbedingt, woher diese kämen. Ihr Hormonspiegel sei nur leicht verändert. Trotzdem waren die Auswirkungen massiv. Hitzewallungen, Stimmungsschwankungen, immer eine innerliche Unruhe, all das erlebte die Frau täglich mit ihrem Körper, der ihr deutlich sagte, dass sie etwas ändern musste. Das wurde ihr deutlich bewusst und sorgte dafür, dass sie einen Entschluss fassen konnte.

Dieser Entschluss führte sie zu dem Leben mit ihrem Mann. Sie begann, ihre Ehe zu reflektieren. Eine Ehe, die, wie ihr erst jetzt bewusst wurde, von einigen Problemen begleitet war. Sie hatte unbewusst das Muster ihrer Eltern weitergelebt. Ein Muster, das ihre Familienmitglieder nur eingeschränkt leben ließ. Eingeschränkt aufgrund **ihrer** Ängste, **ihrer** mangelnden Zuversicht und der Unbeweglichkeit bei anstehenden Entscheidungen.

Ihre Kinder wollten schon lange einen Sport ausüben. Einen Kampfsport, der für die Frau überhaupt nicht infrage kam. Kämpfen, sich verletzen, nein, das sollten ihre Kinder nicht! Ihr Mann versuchte ihr immer wieder zu erklären, dass ihre Kinder frei sein sollten, ausprobieren müssten. All das verhinderte diese Frau. Ihre Angst, es könnte etwas passieren, war zu groß. Sie begann zu erkennen, wie sehr ihre Angst die Familie überschattet hatte. Erst der Vorfall, der ihren Mann betraf, brachte sie dazu, hinzusehen.

Er hatte vor Jahren die Möglichkeit, für eine gewisse Zeit beruflich ins Ausland zu gehen. Er leitete damals ein Projekt, das mit seiner Hilfe entstanden war. Ein Projekt, das ihm sehr am Herzen lag. Der Auslandsaufenthalt war die Krönung seiner Arbeit. Die Möglichkeit zu beobachten, wie Stück für Stück sein Schaffenswerk umgesetzt würde. Aber leider nicht mit seiner Frau. Etliche Diskussionen hatten dazu geführt, dass ihr Mann auf den Aufenthalt verzichtet hatte. In der Firma erfand er einen Vorwand, ohne jemals zu erwähnen, dass seine Frau ihn davon abhielt. Zu groß war ihre Angst, dass ihm was passieren könnte. Der Flug, der Aufenthalt in einem fremden Land. Das Wegbleiben von der Familie. All das machte ihr so sehr Angst, dass sie Nächte lang nicht schlafen konnte. Wortlos, aber sehr bitter fügte er sich dem Wunsch seiner Frau.

Ein Vorfall, der viel Unverständnis bei seinen Kollegen hervorrief. Sticheleien waren an der Tagesordnung. Sein Arbeitsplatz war nicht mehr der, den er bis dato täglich aufsuchte.

All das bewegte diesen Mann seit Jahren, ohne dass er nur ein Wort darüber sprach. Die Fahrt in die Arbeit, sein täglicher Weg wurde immer schwerer. Diese schweren Energien zu Hause sowie das unerträgliche Gefühl einer bleiernen Schwere, veränderten ihn im Laufe der Jahre. Veränderungen in Bezug seines Denkens, seines Fühlens und seines Handelns. Und dann kam dieser Tag. Der Tag, an dem die Schwere überhandnahm und ihn in diesen steifen, unbeweglichen Zustand brachte. Ein Zustand, der es ihm unmöglich machte, soziale Kontakte zu pflegen sowie das tägliche Leben und den Weg in die Arbeit zu schaffen. Ein Zustand, der ihn dazu zwang, nicht mehr aufzustehen. Aufzustehen würde bedeuten, weiterzugehen. Wie schwer es ihm fiel, weiterzugehen! Das war diesem Mann lange Zeit nicht bewusst. Er nahm nichts mehr wahr, er fühlte nichts mehr. Seine Bedürfnisse wie Hunger und Durst, seine Kinder zu sehen, Mann zu sein, Mensch zu sein. Jedes dieser Bedürfnisse gab es auf einmal nicht mehr. Menschen, die kamen und gingen, waren bedeutungslos. Er spürte sich nicht mehr. Sein Umfeld war für ihn ein Ort, der in der Dunkelheit zu liegen schien.

Eines Tages geschah etwas Unerklärliches. Eine Regung, ein Gefühl. Es begann im Bauch und stieg langsam über die Brust in seinen Kopf. Es fühlte sich erst an wie ein Schmerz.

Doch schnell begriff er, dass sich sein Kopf klärte. Die Gedanken waren wieder da. Ein Gefühl, dass er schon lange Zeit nicht mehr spürte, kam zum Vorschein. Zuversicht und die Freude, wieder da zu sein. Erinnerungen aus der Zeit der Schwere wechselten langsam in die Vorfreude, wieder leben zu dürfen und auch zu wollen! Lebensfreude, etwas, was er schon sehr lange nicht mehr gespürt hatte. Gepaart mit dieser Neugier. Gierig zu sein auf etwas Neues. Erfahren zu wollen, was noch auf ihn wartete. Ja, all das wollte dieser Mann herausfinden.

Die Begegnung mit seinen Kindern, die erste überhaupt, wie er fand, bestärkte ihn in seiner Ansicht, weitermachen zu wollen. Zu arbeiten an den Problemen, zu erkennen, um was es sich handelte. Hinzusehen! Etwas, das er eine lange Zeit nicht gemacht hatte. Zu erkennen, dass sein Problem eigentlich gar nicht zu ihm gehörte. Dass dieses Problem nie Oberhand bekommen sollte, wenn er rechtzeitig dagegen vorgegangen wäre. Zu lange hatte er gewartet! Zu lange hatte er seine Bedürfnisse zurückgehalten. Immer in Rücksichtnahme auf seine Frau, die ihm so verletzlich schien.

Entscheidungen zurückhalten, nein, das wollte er nicht mehr! Das wusste er jetzt genau. Wünsche umzusetzen, seinen Mann zu stehen. Sich beruflich zu verwirklichen, das waren Themen, die er in Angriff nehmen wollte. Er konnte es gar nicht erwarten, das alles seiner Frau mitzuteilen. Er wusste, dass er sie verletzen würde. Er wusste, dass, wenn sie seinen Weg nicht mitgehen wollte, er allein weitermachen würde. Allein weiterzumachen, das machte ihm keine Angst mehr. Seine Kinder würden es verstehen. Zu schlecht ging es ihm die Jahre über. Sie sahen ihn in einem Zustand, der jegliche Hoffnung auf Besserung zerstörte. „Sie würden es verstehen!", sagte der Mann und begann mit den Veränderungen.

Allerdings war ihm nicht bewusst, dass auch seine Frau mittlerweile begonnen hatte, an ihren Fehlern und Ängsten zu arbeiten. Sie hatte sich therapeutische Hilfe gesucht. Nahm die Therapie sehr ernst. Es brauchte eine Weile, bis sie die ersten Fortschritte erkannte. Sie tat es eigentlich, um mit der Situation ihres Mannes besser klarzukommen. Schnell stand fest, dass es eigentlich um ihre eigenen Probleme ging. Ängste, die sie davon abhielten, zu leben. Ja, das hatte sie erkannt. Tagtäglich schaute sie jetzt hin. Reflektierte sich beim Umgang mit ihren Kindern. Reaktionen, die sie hatte, wenn Schwierigkeiten auftauchten, bei Entscheidungen, die anstanden. Reflektieren, eine wichtige Fähigkeit zu erkennen, um was es sich handelt und wie man darauf reagiert. Das hatte die Frau mittlerweile gelernt. Ihre Ängste und ihr daraus resultierendes Handeln zu verstehen.

Sie konnte es nicht sofort ablegen. Ihr Vertrauen in das Gute war noch sehr schwankend.

Vertrauen, das euch zuversichtlich nach vorn schauen lässt.
Vertrauen, das euch sicheren Schrittes voranschreiten lässt.

Aber dieses Vertrauen wurde immer stärker. Fast tagtäglich sah man ihre Fortschritte. Auch die Kinder bemerkten sie. Das Familienleben wurde leichter. Sie freuten sich wieder, nach Hause zu kommen. Endlich entspannen zu können. Aus der hektischen, sehr getriebenen Welt auf eine Ebene der Ruhe und des Friedens zu kommen.

Das solltet ihr täglich – heimkommen! Nach Hause zu kommen würde bedeuten, auch zu euch zu kommen. Sehr wichtig für Entspannung, Erholung und energetisches Auftanken.

Auch der Mann bemerkte relativ schnell, dass sich etwas geändert hatte. Plötzlich fühlte sich nicht mehr alles so schwer an. Eine gewisse Leichtigkeit war eingezogen. Scheinbar in der Zeit, in der er förmlich abgetaucht war. Er wusste nicht, wie und warum. Trotzdem spürte er deutlich diese Leichtigkeit. „Eine gute Grundlage für ehrliche Gespräche", wie er fand. Gespräche, die schon vor langer Zeit hätten geführt werden müssen. Warum hatten sie so viel Zeit verstreichen lassen?

Warum haben sie eine lange Zeit die Warnsignale übersehen? Jede Menge Fragen, die es gab, die aber keiner beantworten konnte. Weder die Frau noch der Mann. Ihre Antwort, ob sie noch ein gemeinsames Leben wagen wollten, gaben sie sich sehr schnell. Fest stand, dass sie es noch einmal versuchen wollten. Fest stand, dass sie ihre Probleme erkannt hatten und ihnen begegnen wollten. Kein Ausweichen oder ein „auf den anderen schieben" mehr. Ein wichtiger Schritt in Richtung Zukunft!

Anhand dieses Beispiels, ein Beispiel, das tagtäglich in eurer Existenz existiert, ein Beispiel das nicht über-, aber auch nicht untertrieben ist. Jeden von euch kann auf die eine oder andere Art etwas dergleichen passieren. Darum seht rechtzeitig hin. Löst euch von euren Ängsten, den eingreifenden Ängsten mit der zerstörerischen Kraft.

Vielen von euch ist nicht bewusst, wie wichtig es sein kann, sich zu reinigen. Reinigen ist eigentlich ein Ausdruck aus eurem Bereich der Wirtschaft. Reinigungsfirmen, Reinigungsfrau, Reinigung für Kleidung. Für alles habt ihr Säuberungsmöglichkeiten. Sauber sein, ein Ausdruck, der aus eurem Umgangssprachlichen kommt. Eine saubere Weste haben oder, wie ihr so schön sagt, „nichts auf dem Kerbholz haben". Ein Ausdruck, der aus dem Mittelalter kommt.

Als es noch keine Computer oder Speichermöglichkeiten gab. Bücher, in die geschrieben wurde, hatten nur Leute, die es sich leisten konnten. Hölzer waren für viele von euch die Möglichkeit, etwas festzuhalten. Verbindlichkeiten, aber auch Fehlvergehen wurden auf solchen Hölzern/Brettern festgehalten. Richttafeln wurden sie genannt. Zu richten, eine Vorgehensweise von euch Menschen. Ihr fällt Entscheidungen über jemand anderen. Meist nicht mit seinem Einverständnis. Immer gegen seinen Willen. Ein Vorfall, wie ihr ihn alle kennt, der viele von euch geprägt hat, auf unterschiedliche Art und Weise. Zu richten bedeutet aber auch, sich Gedanken zu machen über eine andere Person oder Begebenheit. Gedanken, die positiv oder negativ sein können. „Richten", ein Ausdruck, der negativ behaftet ist, aber auch sehr positiv sein kann. Jemandem etwas richten bedeutet auch, wieder ganz zu machen, geradezurücken, zu verbessern usw.

Sehen wir uns noch einmal die negative Variante an. Wir sprechen von einem ganz bestimmten Vorfall. Ein Vorfall, der prägen kann. Ein Vorfall, der euch in eine andere Richtung eures Denkens bringt. Ein Vorfall, der euer Leben verändern wird.

Lasst uns zu einem weiteren Beispiel kommen. Ein Beispiel, das fast täglich auf der Welt, in eurer Welt passiert. Ein Vorfall, der mit Hindernissen, aber auch mit Zuversicht ein Leben ändern kann.

Betrachten wir uns das Leben eines Mannes. Ein Mann, der sich nicht im Wesentlichen von anderen Männern unterscheidet. Dieser ist allerdings klein und zart und hat so einige Schwierigkeiten mit seiner Figur. Eine Figur, die, so wie er findet, nicht aussagekräftig ist für einen Mann. Klein und zart, welcher Mann will schon so sein? Stark und groß, das entspräche seiner Wunschvorstellung, trotzdem hat er sich Gene gewünscht, die dafür sorgten, dass es für ihn in eine andere Richtung ging. Das Haar fiel ihm im Laufe der Jahre aus. Nur noch karg hing es an seinem Kopf. Ein Bild, das man öfter sieht. Ein Anblick, der eigentlich nicht auffallend wäre, wenn man ihn sieht.

Oft hat er darüber nachgedacht, wie schön es wäre, anders auszusehen. Volles Haar, eine schöne männliche Erscheinung. All das, was, wie er fand, zu einem „richtigen" Mann gehörte.

Er begann sich zu informieren. Informationen über eine Haarimplantation einzuholen. Wobei das Haar, sein Haar, an einer Stelle entnommen, um an anderer Stelle wieder eingesetzt zu werden, die Lücken seines Kopfes füllen würde. Ein Vorgang, der ihn zuversichtlich stimmte. Seinen Wünschen und Hoffnungen etwas näherkam. Ein Vorgang, auf den er sich gut vorbereiten musste. Ein Vorgang, der sehr teuer war.

Er begann darüber nachzudenken, was ihm diese Veränderung bringen würde. Sein Leben, wenn er es betrachtete, schien ihm ziemlich trostlos.

Er hatte es zwar beruflich sehr weit gebracht. Seine Fähigkeit, Computer zu bedienen und zu programmieren, hatte ihm eine Festanstellung in einer gut situierten Firma beschert. Um seinen Lohn musste er sich keine Sorgen machen. Ihm fiel jedoch auf, dass er im Kollegenkreis immer der Außenseiter war. Zwar bemühte man sich, ihn mit einzubeziehen, doch das Bierchen nach Feierabend trank man nicht mit ihm. Also ging er tagtäglich allein nach Haus. Jeden Abend saß er vor seinem Computer. Jeden Abend der gleiche Ablauf. Kein Highlight, nichts Erwähnenswertes, auf das er sich freuen konnte. Er achtete auf eine ordentliche Ernährung. Bereitete sich täglich ein frisches Essen zu. Trotzdem ging jeder Abend gleich fade in einen unruhigen Schlaf über, der ihn davon träumen ließ, ein toller Mann zu sein. Ein Mann, den man sah. Der auffiel und keinen langweiligen Eindruck hinterließ, wie er fand. Jeden Tag, wenn er in die Firma kam, hörte er Kollegen erzählen. Von Ereignissen, Begegnungen und lustigen Begebenheiten. Eigentlich hatten sie immer was zu erzählen. Interessant, zuzuhören! Trotzdem auch ein Grund, im Hintergrund zu bleiben. Aus lauter Angst, dass sie eines Tages fragen würden, was er so macht. Was könnte er da sagen?

Der Leidensdruck wurde immer größer. Darum begann er zu planen. Zu planen an den Veränderungen.

Veränderungen, von denen er sich sehr viel erhoffte. Veränderungen, die einen anderen Mann aus ihm werden lassen sollten. Haarimplantate waren der erste Schritt der Veränderung. Der Vorgang verlief problemlos. Relativ schnell erkannte er deutliche Fortschritte, was die Fülle seines Haars betraf. Er musste noch sehr vorsichtig mit der neu gewonnenen Fülle umgehen. Sein Arzt bat ihn, regelmäßig vorbeizuschauen. Das Ergebnis musste überprüft werden. Der Hautzustand überwacht. Zu verletzlich war die neue Haarpracht. Doch sie stabilisierte sich, sah gut aus und brachte den Mann zu neuer Zuversicht. Zuversicht und die Hoffnung, dass man ihn künftig nicht mehr übersehen würde. Aber seinen Kollegen fiel es gar nicht auf. Keiner bemerkte die Veränderung. Keiner erkannte seine Neuerung. Niemand sprach ihn auf sein kurzes Fehlen im Betrieb an.

Der Mann begann über etwas nachzudenken, das seinen Körper in eine weitere neue Richtung bringen könnte. Fitness, ein Aspekt, den er sich noch nie betrachtet hatte. Fitness und Bewegung, eine Vorgehensweise, die bis jetzt noch keine Zeit fand, in sein Leben integriert zu werden. Er begann sich darüber zu informieren. Informationen einholen war für ihn eine Grundvoraussetzung, wenn er etwas Neues in Angriff nahm. Er musste Bescheid wissen, über die Vor- und Nachteile.

Er wollte Bescheid wissen über eventuelle Ergebnisse und die Möglichkeit der Umsetzung. Er plante einen Besuch in einem Fitnessstudio, doch schon beim ersten Probetraining stellte er fest, dass diese Form von Sport nichts für ihn war. Mal abgesehen von den anderen Männern, die ihm rein äußerlich sein Minderwertigkeitsgefühl verstärkten, fand er Bewegung an der frischen Luft wesentlich besser.

Die Bewegung, das Laufen, die Abläufe eures Körpers mit der Möglichkeit, eure Gedanken zu reinigen.
Gedanken, die euch davon abhalten, weiterzugehen.
Gedanken, die dazu führen, dass ihr euch ausgegrenzt fühlt.
Negative Gedanken, die einen neuen Weg nicht zulassen.
All das kann Bewegung reinigen. Klären, wie ihr so schön sagt. Ein Ausdruck für etwas Klares und unter anderem auch klare Gedanken.

Der Mann begann mit seinem Training. Er begann erst langsam, da er merkte, dass sein Körper noch nicht auf die neue Form der Belastung eingestellt war. Es dauerte seine Zeit, bis es ihm leichter fiel, seine Laufschuhe anzuziehen und schmerzfrei seine Bahnen zu laufen. Seine Strecken, die er lief, wurden immer weiter. Anfangs waren es noch sehr kurze Strecken. Er lief meist abends, wenn keiner sehen konnte, wie er sich quälte.

Doch irgendwann lief er auch am Tag. Meist am Wochenende, wenn er freihatte. Sein Computer war auf einmal nicht mehr wichtig. Die Vorfreude auf das Laufen, auf das Gefühl danach, aber auch auf die Selbstbestätigung, die er hatte, wenn sein Weg wieder etwas weiter war wie am Tag davor. Er merkte es zudem an seiner Muskulatur. Seine Beine wurden fester. Die einst sehr schlanken Beine wurden kräftiger. Ein Bild, das ihm sehr gefiel. Eine Veränderung, die ihn zutiefst befriedigte.

Ein halbes Jahr später, seine Kondition war mittlerweile zu einer beachtlichen Form herangewachsen, bekam er ein Gefühl. Das Gefühl, das ihm sagte, dass er sich messen wollte. Sich zu messen bedeutet, zu vergleichen, den Stand zu ermitteln. Ein Gefühl, das ihn dazu ansportne, sein tägliches Pensum zu steigern. Laufen wurde auf einmal das Zentrum seines Lebens. In die Arbeit zu gehen, aber auch zu laufen. Für ihn eine wichtige Möglichkeit der Selbstbestätigung und des Ausgleichs. Zu laufen war mittlerweile zum Mittelpunkt seines Lebens geworden. Der Mittelpunkt, der keine Gedanken zuließ, minderwertig zu sein. Der Mittelpunkt, der ihm zeigte, welche Möglichkeiten in ihm steckten. Der Mittelpunkt, der aus ihm mittlerweile einen sportlichen, durchtrainierten Mann gemacht hatte.

Mit dieser Veränderung in seinem Leben veränderte sich auch etwas an seiner äußeren Erscheinung. Ein ewiges Lächeln lag auf seinem Gesicht.

Das Lächeln der Vorfreude auf den heutigen Tag. Das Lächeln und der Wille, wieder eine neue Grenze zu entdecken. Das Lächeln eines Gewinners.

Nicht nur sein Lächeln fiel den Kollegen auf. Nein, auch seine äußere Erscheinung. Die Frische in seinem Gesicht. Sein einst gebückter Gang war zu einem aufrechten geworden. Ein Gang, der symbolisierte, dass er im Leben stand. Auch seine Präsenz war eine andere. Er war nicht mehr in der hinteren Reihe. Er versteckte sich nicht mehr hinter seinem Schreibtisch. Plötzlich war er präsent mit seiner Anwesenheit, aber auch mit den Worten, die er sprach. „Ein völlig anderer Mensch", hörte er sie sagen. Was war passiert?

Still lächelnd beobachtete der Mann die Reaktion seiner Kollegen. Sein kleines Geheimnis veranlasste ihn dazu, still zu sein, wenn es an sein Leben, seine Aktivitäten, seine sportlichen Erfolge ging.

„Marathon", schoss es ihm eines Tages durch den Kopf. Ja, das wollte und würde er probieren! Sich zu messen, sich zu beweisen, dass er es kann!

Wieder einmal informierte er sich ausführlich. Er tat es aus Gewohnheit. Informationen darüber zu haben, das Für und Wider abzuwägen. Das Ergebnis seiner Forschungen veranlasste ihn eines Tages dazu, eine Anmeldung loszuschicken. Die Anmeldung zu einem Marathon.

Ein Ziel, das noch in weiter Ferne lag. Aber auch ein Ziel, das ihn dazu anspornte, noch härter zu trainieren. Zwei Mal täglich war er jetzt unterwegs. Schon frühmorgens vor der Arbeit. Spätabends nach der Arbeit. Ein hartes Training! Trotzdem hatte er sich noch nie so wohlgefühlt. Er achtete auf ausgewogene Ernährung. Ernährung, die sein Körper dringend brauchte. Energie, die lebenswichtig für ihn war. Die er seinem Körper zuführte mit der Absicht, leistungsfähiger zu sein.

Er sprühte fast vor Energie. Es machte ihm nichts aus, sich täglich dieser Belastung auszusetzen. Schließlich hatte er dieses Ziel, das immer näher rückte. Das Ziel, das ihm zeigen sollte, wie er stand.

Die Nacht vor dem Marathon war er sehr aufgeregt. Würde er es schaffen? Würde er das Ziel erreichen? Gedanken, die ihn in einen unruhigen Schlaf fallen ließen. Gedanken, die eine gewisse Unruhe in der Magengegend erzeugten. Gedanken, die dazu führten, dass er morgens nicht so ausgeruht war wie üblich. Trotzdem war er sehr zuversichtlich. Eine sonderbare Ruhe umgab ihn an diesem Morgen. Eine Ruhe, die nicht merken ließ, dass er schlecht geschlafen hatte.

Als er ankam, es lag nur eine kurze Fahrt hinter ihm, merkte er, mit wie vielen Menschen er sich messen würde.

Es hatten sich mehr als hundert Sportler eingefunden. Hoch motiviert und mit dem gleichen Ziel wie er, diesen Marathon zu gewinnen.

„Gewinnen", dachte der Mann, „wahrscheinlich ein aussichtsloser Gedanke!" Trotz allem war zu gewinnen ein sehr verlockender Gedanke. Gewinner zu sein, ein Gefühl, das er noch nie hatte. Gerade deswegen wollte er es versuchen. Nur dieses eine Mal, dann würde er ja sehen.

Bereits beim Start erkannte er schnell, wie viele seiner Mitläufer ein gutes, kontinuierliches Tempo vorlegten. Er versuchte, sich zu orientieren. Er versuchte, seinen Rhythmus zu finden. Einen Rhythmus, der in einer gewissen Regelmäßigkeit seiner Bewegung, aber auch seiner Atmung lag. Schnell fand er zu seinem Tempo, das ihn problemlos seinen Weg bestreiten ließ. Der Weg, der eingesäumt war von Zuschauern, die den Läufern laute, aufmunternde Worte zuriefen. Blicke des Respekts, Blicke der Achtung trafen die Läufer. Es war ein erhebendes Gefühl zu sehen, wie die Zuschauer motivierend und laut rufend die einzelnen Läufer anfeuerten. Zu erkennen, wie viel Respekt und Ehrfurcht in den Blicken der einzelnen Zuschauer lag. Dem Mann bereitete es keine Mühe, seinen gefundenen Rhythmus aufrechtzuerhalten. Er hatte sich schließlich gut vorbereitet.

Die Energiereserven aufgrund des Trainings, aber auch der guten Ernährung ließen ihn durchhalten.

Bis zum Ende der Strecke hatte er keine Ahnung, wie er stand. Einzelne Rufe von unbekannten Personen teilten ihm mit, dass er sehr weit vorn zu liegen schien. Er hatte auf seinem Weg sehr viele Läufer überholen können. Das war ihm bewusst. Trotzdem war es ihm nicht möglich zu erkennen, mit welchem Abstand er zu den anderen Läufern unterwegs war. Es gab für ihn keinen Anhalt darauf, welchen Platz er belegen könnte. Aber diese Ungewissheit, das hielt ihn nicht davon ab, weiterzulaufen. In seinem Rhythmus zwischen Atmung und Bewegung. Seine Gedanken hatten einen meditativen Zustand angenommen. Keine Gedanken des Kampfes, keine Gedanken des „Muss". Ganz still war es in seinem Kopf. Beruhigend still. Einfach nur laufen. Das war sein Ziel. Er bemerkte gar nicht, als er sich dem Ziel näherte. Nur die Rufe der Zuschauer wurden lauter und durchdringender. Er hatte noch zwei Personen vor sich, die verbissen an ihrem Ziel arbeiteten. Ein letzter Spurt machte es ihm möglich, an diesen Läufern vorbeizuziehen. „Ein letztes Mal!", kam ihm in den Kopf, und er überquerte das Ziel.

Dann wurde es still um ihn. Er saß nur da und atmete. Der Rhythmus seiner Atmung begann sich allmählich zu verlangsamen. Menschen kamen auf ihn zu, versuchten, ihm aufzuhelfen. Menschen, die ihm auf die Schulter klopften. „Wildfremde Menschen", so dachte er sich.

Menschen, die er vormals noch nie gesehen hatte, klopften ihm respektvoll auf die Schulter.

Der Leiter der Veranstaltung kam auf ihn zu und bat ihn, ihm zu folgen. Er brachte ihn in ein Zelt, in dem Getränke und eine Liege bereitstanden. Es waren auch Therapeuten anwesend, die sich um ihn kümmerten.

Sie erzählten ihm, dass er gewonnen hatte. Dass er gewonnen hatte, war diesem Mann bis zu diesem Zeitpunkt nicht bewusst. Dass er gewinnen könnte, wäre dem Mann bis zu diesem Moment nicht in den Sinn gekommen. Schließlich war er nur gelaufen. Sicherlich unter dem Vorwand, sich zu messen. Trotzdem war er nur gelaufen, für sich und nur für sich. Er hätte nicht sagen können, wie viele Menschen er überholt hatte. Er konnte auch nicht die einzelnen Abschnitte seines Weges beschreiben. So sehr war er in seinen Gedanken, die ihn nur bei sich hielten. Bei sich und seinem Lauf. Jetzt sprachen sie vom Gewinnen. An diesen Gedanken musste er sich erst gewöhnen. Plötzlich war er nicht mehr der kleine, durchsichtige Mann, den niemand sah. Plötzlich war er ein Gewinner, den jeder sah. Menschen in seiner Umgebung, aber auch die Presse waren aufmerksam auf ihn geworden.

Als er das nächste Mal in die Arbeit kam, erntete er die respektvollen Blicke seiner Kollegen. Blicke, die er sich einst gewünscht hatte. Blicke, die ihm verrieten, dass er es wert war, gesehen zu werden. Vielleicht nicht wegen seines Körpers. Aber die Fähigkeiten, die in ihm steckten, veranlassten die Menschen in seiner Umgebung, hinzusehen. Aufzuschauen, zu ihm, dem kleinen, zarten Mann.

Ich finde, es ist eine wundervolle Geschichte, eine Begebenheit, die tagtäglich in eurer Welt passiert. Sie ist nicht erfunden. Nein, solche Menschen existieren wirklich! Ein sagenhaftes Beispiel der Umsetzung einer Lernerfahrung. Der Umsetzung eines Lebensplanes. Die Bewältigung eines Problems mit deren Folgen daraus. Beispielhaft, wie ich sagen würde. Fügungen, die euch helfen können, die Wertigkeit eures Selbst zu erkennen.

Seelenvereinbarungen

Lasst uns zu einem Thema kommen, das viele Menschen/Seelen in ihrer Inkarnation beschäftigt. Welches einen weiteren, wichtigen Aspekt während eurer Seelenreise betrifft. Das Thema Vereinbarungen, die, wie ich finde, außerordentlich wichtig sind für jeden Einzelnen eurer Entwicklungsschritte.

Eure Seelenreise, ein Vorgang oder auch Prozess, der nach eurer Zeitrechnung mehrere Tausend Jahre in Anspruch nimmt. Für uns ist es jeweilig immer nur der kurze Augenblick. Für diejenigen, die in dem Zeitrad der Inkarnation verstrickt sind, ist es ein Weg, der ihnen meist sehr lang erscheint. Jede „Geburt" und jeder „Tod" sind Ereignisse, welche ein Leben beginnen und wieder abschließen. Von uns aus gesehen lediglich ein zellulärer Vorgang. Das Entstehen und Wachsen von Zellen, um abschließend zu vergehen. Ein Vorgang, der, wenn man ihn emotional betrachtet, viel Freude, aber auch viel Kummer mit sich bringt. Doch er bietet auch einzigartige Entwicklungschancen, die so, unter anderen Voraussetzungen in dieser Existenzmöglichkeit, nicht möglich wären. Lasst uns zu einem Beispiel kommen, um diesen Kreislauf etwas zu verdeutlichen.

Wir sprechen von einer Frau. Bevor sie in ihr gewähltes Leben geht, bespricht sie ihre Wahl und die Möglichkeiten, die sie damit verbindet, mit dem großen Rat. Ein Gremium, ein Kontrollorgan, wie auch in eurer Welt kontrolliert und genehmigt wird.

Sie stellt also ihr Vorhaben vor. Unterschiedliche Erwägungen, etliche Gespräche mit ihren geistigen Führern haben dazu geführt, dass sie sich für ein Leben in Brasilien entscheidet.

Ein Leben, das nicht unbedingt einer perfekten Inkarnation gleichkommt!

Armut, Gettoleben, schwieriges Elternhaus, etliche Geschwister, Krankheit, Drogen und Alkohol werden nur einige der Themen sein, mit denen sie sich konfrontieren wird. Aspekte in einem Leben, die einen jeden dazu veranlassen würde, aus eurer Sicht betrachtet, Abstand zu nehmen. Abstand von den Schwierigkeiten, den Herausforderungen, dem Missbefinden und dem Thema des Nicht-anerkannt-Seins. Sie hat eine Zeitphase gewählt, die einen bestimmten Brennpunkt bietet. Extreme soziale Strukturen, Korruption der Regierung und etliche andere Schwierigkeiten, die sie dazu veranlassen werden, zu kämpfen. Die Seele, eine sehr reife und starke Seelenstruktur, ausgestattet mit mehreren positiven Komponenten wie Durchhaltevermögen, Mut, wenig Ängsten und der Zuversicht, es schaffen zu können. Aber auch mit negativen Punkten wie Zweifel an ihrem Selbst, die Unfähigkeit, sich zu reflektieren, mangelnde Selbstliebe, die sie dazu bewegen wird, etliche Engstellen in ihrem Weiterkommen zu haben. Engstellen, die sie immer wieder dazu zwingen werden, still zu werden, anzuhalten, nachzudenken.

Engstellen, die von Entscheidungen abhängig sind. Und da reden wir nicht von Entscheidungen im Außen. Sondern von Entscheidungen, die jede Seele für sich treffen muss. Wie sie zum Beispiel mit sich umgeht. Wie sie weiter verfahren möchte, in ihrem Lernen. Wie sie die Schwierigkeiten hinter sich lässt, ohne dabei zu zerbrechen. Gefühlsmäßig betrachtet, extrem schwierig. Es wäre für jede von euch Seelen eine große Herausforderung. Jedoch für jeden von euch auch eine wertvolle Möglichkeit, sich weiterzuentwickeln.

Nun gehen wir davon aus, sie wird geboren. Geboren zu werden erfordert einen Vorgang, der, wie ihr wisst, einer gewissen Anstrengung gleichkommt. Nicht nur der Mutter wegen, nein, auch die Seele an sich ist gefordert und erhält allerlei Lernmöglichkeiten durch die Geburt. Eine Geburt ist, in der Regel, mit freudigen Erwartungen verbunden, aufseiten der Eltern idealerweise ein erwünschtes Kind. Doch nicht immer geschieht es in Absicht und Liebe. Ursprünglich eine Seelenvereinbarung auf unserer Seite. Bei euch kann es das Ergebnis einer misslungenen Nacht, unerwünschter „Nebenwirkungen" und so weiter und so fort sein.

Dieses Kind wird also geboren. Ein Umstand hat dazu geführt, dass innerhalb kurzer Zeit in einer Familie drei Kinder in Folge kommen. Sie war die für den Moment Letztgeborene, zwei weitere Kinder sollten zu einem späteren Zeitpunkt noch folgen.

Ein Mädchen zu sein war in diesem Land nicht einfach. Männliche Strukturen, schwierige elterliche Verhältnisse, eine Mutter, die sich immer unterordnen musste, schulisch wie auch beruflich nie auf eigene Beine kam. Abhängig von der Familie wie auch ihrem Mann, der nicht nur keine Arbeit hatte, sondern zu dessen Lebensthema auch die Bewältigung der Alkoholsucht gehörte. Die Mutter verdiente etwas Geld hinzu, wusch und bügelte Wäsche für wohlhabende Menschen, die sie nicht sehr üppig bezahlten, ihr doch aber immerhin die Möglichkeit boten, sich etwas dazuzuverdienen.

Das Mädchen wuchs heran. Sie war bald in die Pflichten der Familie hineingewachsen. Kümmerte sich um ihre Geschwister, das Essen sowie um den Haushalt. Eine Kindheit im üblichen Sinn hatte sie nicht. Zu schwierig waren die Verhältnisse durch den Vater, der nur noch selten nach Hause kam und sich an seine familiären Verpflichtungen erinnerte. Ein schwieriges, anstrengendes Leben für die Mutter, die oft der Verzweiflung nahekam, wenn mal wieder kein Geld für Essen und die zu bezahlenden Rechnungen vorhanden war.

Aufgrund dieser Probleme fing das Mädchen an zu träumen. Von einem Leben, das sie glücklich machte. Von einem Mann, der für sie sorgte. Von Kindern, die alles hatten, was sie für ein gutes und glückliches Leben brauchten. Keinen großen Luxus wünschte sie sich. Nein, es konnten schon ganz kleine Dinge sein, die sie glücklich machten. Zum Beispiel einen Mann an ihrer Seite zu haben, der einer geregelten Arbeit nachging. Einen Mann, der das Geld mit nach Hause brachte, anstatt es für Alkohol und Frauenbekanntschaften auszugeben. Eine kleine Wohnung wünschte sie sich. Nichts Komfortables. Nein, nur eine kleine Wohnung, die sie hübsch einrichten würde. Mit genügend Platz für Kinder, ein Zimmer für sie würde genügen. Das Bild von einer idealen Familie. Das Bild von ihrem perfekten Leben. In ihrem Sinn war das alles, was sie sich wünschte. Doch leider, wie so oft, kam alles anders. Bestimmte Umstände hatten sie dazu gezwungen, einen anderen Weg zu gehen. Einen Weg, der es ihr ermöglichte, ihre Familie zu ernähren. Mutter, Vater und Geschwister.

Zwei ihrer Brüder waren mittlerweile auf die schiefe Bahn gekommen. Die großen Wünsche, das Gettoleben, Prestigegehabe hatten dazu geführt, dass sie sich ihr Dasein mit Korruption, mit dem Bestehlen anderer Menschen sowie Betrug verdingten. Es war auch eine Art und Weise, zu überleben.

Im weiteren Sinn ein Leben in einem vermeintlichen Luxus zu leben. Aber auch immer in der Angst und mit dem schlechten Gewissen, aufgrund der Tatsache, anderen Menschen Böses zuzufügen, eines Tages dafür ins Gefängnis zu wandern. Sie nahmen ihre Schwester regelmäßig mit auf ihre sogenannten „Vergnügungstouren". Ausflüge, die für das Mädchen eine gewisse Abwechslung zum Leben ihres häuslichen Gefängnisses boten. Abwechslung, die ihr zeigte, dass es auch noch ein anderes Leben außer Wäsche zu waschen, zu putzen und zu kochen gab. Die Mutter durfte davon nichts wissen. Also stahl sie sich regelmäßig aus dem Haus, wenn alle schliefen. Zu groß war die Verlockung auf das „große" Leben.

Während ihrer „Ausflüge" lernte sie einen Mann kennen, der ihr versprach, ihr ein anderes Leben bieten zu können. Schöne Worte, Liebesbekundungen, all die schönen Dinge, die er ihr schenkte, ließen sie vermuten, dass er es ernst meinte. Ernste Versprechungen, das Wecken von Hoffnungen, aus dem ganzen

Dilemma entfliehen zu können, so wie sie fand. Sie stahl sich immer öfter aus dem Haus, bis sie eines Tages ihr weniges Hab und Gut zusammenpackte und gar nicht mehr nach Hause kam.

Die Tage kamen, die Tage vergingen. Ein Leben, das ihr auf den ersten Blick einem Traum gleichkam.

Aber wie nun zu vermuten, hatte es einen überaus bitteren Nachgeschmack. Der Mann hatte sehr schnell bemerkt, wie manipulierbar dieses Mädchen war. Sie glaubte das, was er ihr sagte. Egal, was er ihr versprach, sie nahm ihn ernst. Für einen Mann aus schwierigen Verhältnissen ideal. Einen Mann, der in seinem Leben nur Gewalt, Lügen und Gemeinheiten erlebt hatte. Einen Mann, der schon sehr früh auf die schiefe Bahn gekommen war, teils um den schwierigen Familienverhältnissen zu entfliehen, teils weil er sich vormachte, sein Leben selbst in die Hand nehmen zu können. Immer wieder kam es zu Konflikten, zu schwierigen Situationen, die ihm auch den Aufenthalt im Gefängnis bescherten. Als er dieses Mädchen kennenlernte, war er gerade entlassen, vollgestopft mit neuen Ideen, wie man schnell zu ganz viel Geld kommen könnte.

Die Beziehung an sich wäre nicht schlecht gewesen. Sie war geprägt von etwas, das man Liebe nennen könnte. Trotzdem gab es auf beiden Seiten große Schwierigkeiten. Das Mädchen fing an zu klammern. So befand sie sich doch in einer gewissen Abhängigkeit. Der Mann betrachtete dieses Mädchen als seinen Besitz. Ein Mädchen ganz für sich allein. Einen Menschen zu haben, der ihn anhimmelte. Einen Menschen zu haben, der tat, was er sagte. Einen Menschen zu haben, der seinen Bedürfnissen nachkam.

Sexuell wie auch partnerschaftlich hatte er aus ihr eine Sklavin gemacht.

Das Mädchen bemerkte erst sehr spät, in was für ein Dilemma sie mit ihm gekommen war. Sie entschuldigte sein Verhalten immer wieder. Cholerische Züge veranlassten ihn regelmäßig dazu, gewalttätig ihr gegenüber zu werden. Seine persönlichen

Probleme sorgten dafür, dass er seine Ängste nicht mehr kontrollieren konnte und wieder mit dem Konsum der Drogen begann. Keine guten Voraussetzungen für ein Leben. Aber die besten Voraussetzungen für ein finanzielles Desaster.

Eines Tages, als die Geldnot ein Ausmaß angenommen hatte, welches für beide sehr schwierig wurde, machte er ihr einen Vorschlag. Im Normalfall wäre er nicht damit einverstanden gewesen. Trotzdem ging es um eine Verdienstmöglichkeit, die schnell zu Erträgen führen konnte. Es löste rasch das Problem seiner Verbindlichkeiten sowie die Schwierigkeiten, damit Geld zu verdienen.

Es handelte sich um eine Art der Arbeit, die nicht unbedingt einer wertschätzenden Tätigkeit gleichkam. Trotzdem gab es dem Mädchen die Möglichkeit, ihre Familie zu unterstützen. Mit ihrem Weggehen hatte sich die Lage zugespitzt. Durch ihr Weggehen blieb der Mutter nichts anderes übrig, als Tag und Nacht zu arbeiten und die restlichen Kinder sich selbst zu überlassen. All das brachte das Mädchen zu Überlegungen, die dazu führten, auf die Idee des Mannes einzugehen. Als Prostituierte in einem Bordell zu arbeiten. Keine Arbeit, die sie glücklich machte. Aber ihr doch das Gefühl vermittelte, für sich und andere sorgen zu können. Eine Arbeit, die sie sehr gut machte. Sie hatte dieses „Jugendliche". Eine Eigenschaft, die besonders ältere Männer ansprach. Trotzdem bewahrte sie sich eine gewisse Reinheit. Die Reinheit, die einer Madonna gleichkam. Ein Anziehungsmagnet, der ihr sehr viel Arbeit und eine gewisse Unabhängigkeit bescherte. Sie legte so viel Geld weg wie möglich. „Eines Tages", so dachte sie, „würde sie es schaffen, sich aus dieser Arbeit, diesem Sumpf zu lösen!" Ihr fester Glaube daran machte es ihr möglich, damit fortzufahren.

Ihr Freund begann damit, sie immer schlechter zu behandeln. Es war sehr schwierig für ihn, mit anzusehen, wie sie auf diese gewisse Art Erfolg hatte. Trotz allem war sie aber nicht mehr nur sein Mädchen. Zunehmend begann er sich vor ihr zu ekeln.

Zwischenmenschlich passierte immer weniger, bis er sich eines Tages einer anderen zuwandte. Einer Dame, die ihm ein schönes Leben ermöglichte, aber auch einen gewissen Druck auf ihn ausübte. Damit begann sein neues Leben, und auch das Leben des Mädchens fing an eine Wende zu nehmen.

Das Mädchen hatte das übrige Geld dazu verwendet, in die Schule zu gehen.

Zu lernen war eine Option, für ein zukünftig besseres Leben zu sorgen. Für ein neues Leben, das ihr versprach, auch ohne diese jetzige Möglichkeit des Geldverdienens für sich selbst sorgen zu können. Auf ehrliche Art und Weise, wie sie fand. Nach ihrer Manier, die sie glücklich machte. Mit einer Möglichkeit der Selbstbestimmung und deren Umsetzung, die es ihr ermöglichte, mit viel Engagement und ihrem neuen Wissen eine neue Richtung einzuschlagen.

Sie war eine sehr gute Schülerin. Sie besuchte eine Abendschule, deren zeitlicher Ablauf sich sehr gut mit ihrer Arbeit im Bordell vereinbaren ließ. Immer öfter begleiteten sie das Gefühl und das Wissen, dass sie ihr Leben eines Tages verändern könnte.

Sie hatte sehr einflussreiche Kunden, die regelmäßig ihre Dienste forderten. Männer, die ihre Hebel an wichtigen Stellen hatten. Männer, deren Einfluss so manches bewegen konnte. Einer ihrer Kunden war ein sehr sensibler, weicher Mann mit einem Hang zu Prostituierten. Er war nicht der Mann, der ihre Fähigkeiten ausnutzte. Er hatte eher Mitleid und war sich gewiss, in diesem Bereich etwas Gutes tun zu können. Schwierige Arbeitsbedingungen auszugleichen und dafür zu sorgen, dass diese für die Mädchen besser wurden. Ein Mann, der extreme Erfahrungen in seiner Kindheit gemacht hatte. Mit einer Mutter, die auf ähnliche Art und Weise ihr Geld verdient hatte.

Einer Mutter, die ihm sehr am Herzen lag. Er hatte als Junge immer das Bedürfnis, sie beschützen zu wollen.

Seine Mutter starb an Krebs, ein langes Leiden ging voran. Eine Zeitspanne, in der er viel mit ihr reden konnte. Reinen Tisch machte, mit all der Frustration und dem Nichtverstehen, welches mit ihrer Berufswahl verbunden war. Aber die Erfahrung brachte ihn auch dazu, ein Versprechen abzulegen. In dem Bezug, sich einmal dafür einzusetzen, dass es den anderen Mädchen besser ging. Eine Mission in seinem Sinn, in unserem Sinn die Umsetzung eines Lebensplans. Fortan begann er sich nach Möglichkeiten umzusehen. Nach Verbesserungen in diesem Arbeitsbereich.

Er hatte es mittlerweile weit gebracht und war politisch hoch angesehen. Trotz seines schlechten Starts hatte er sehr viel erreicht. Seine Herkunft und seine Geschichte versuchte er immer geheim zu halten. Verbindungen, die er hatte, nutzte er dazu, Freiräume zu schaffen. Bestimmte Bedingungen, wie die ärztliche Versorgung und regelmäßige Untersuchungen, zu ermöglichen. Das Schaffen von Ruhepausen und so weiter und so fort. Die Mädchen waren dankbar. So konnten sie sicher sein, dass sich jemand für sie einsetzte. Sie dankten ihm auf ihre Weise, sozusagen ein Liebesdienst.

So kam es, dass dieses Mädchen unserer Geschichte eines Tages eine Ausbildung begann.

Mit einem Schulabschluss und dem nötigen Geld in der Tasche war es ihr möglich, sich eine kleine Unterkunft zu mieten, nicht weit entfernt von ihrem Arbeitsplatz. Das Lernen machte ihr sehr viel Spaß. Auch Menschen zu begegnen, die normal zu sein schienen. Menschen, die keine Probleme hatten, so wie sie es bis jetzt kennengelernt hatte. Ganz normale Menschen, die sie so nahmen, wie sie war, ohne eine Dienstleistung dafür zu verlangen. Sie war sehr erfolgreich in ihrem Beruf. Der Menschenkontakt, die einzigartige Fähigkeit, sich in Menschen einzufühlen, brachten ihr sehr viel Selbstbestätigung. Sie war ein Anlaufpunkt, die Menschen fühlten sich von ihr angezogen und verstanden. Ein Grund dafür, weiterzumachen. Eine Art Sozialarbeit. Allerdings in einem Bereich, der sehr wirtschaftlich war.

Sie war der Ausgleich in einem Wirkungsfeld, das hauptsächlich geprägt war von einer „Friss oder stirb!"-Mentalität.

Sie war für den Verkauf von Produkten zuständig, die keinen bestimmten Zweck erfüllten. Trotzdem hatten sie einen Markt gefunden, um verkauft zu werden. Das Mädchen dachte oft darüber nach. Verkaufen, eine Möglichkeit des Geldverdienens, war ja schön und gut. Aber wenn sie schon verkaufen würde, so sollte es etwas sein, das die Menschheit braucht. Hilfsmittel, Möglichkeiten der Erleichterung im Leben waren ihre nächsten Gedanken. Vielleicht etwas im Gesundheitsbereich. Etwas, das Menschen die Möglichkeit gab, ihr Leben eigenständig weiterzuführen. Und so kam sie zu einer Firma, die Prothesen verkaufte. Beinprothesen, Armprothesen. Alles in diesem Bereich war darauf ausgerichtet, Menschen nach schweren Unfällen und Erkrankungen zu helfen. Ja, das schien dem Mädchen sinnvoll. Eine Möglichkeit zur freien Bewegung zu verkaufen. Dinge anzupreisen, die es Invaliden möglich machten, ein eigenständiges Leben zu führen.

Anfangs hatte sie Schwierigkeiten, sich vorzustellen, wie man sich fühlt mit so einer Einschränkung. Doch als sie sich wegen einer Unachtsamkeit das Bein brach, stellte sie fest, wie wichtig es war, sich bewegen zu können. Hindernisse, die bis zu diesem Zeitpunkt keine waren, wahrzunehmen. Eine sehr effektive Möglichkeit zu lernen. Ein sehr einschneidendes Erlebnis, das dazu führte, ihr den Verkauf und das damit verbundene Einfühlen in den Kunden möglich zu machen.

Sie wurde sehr erfolgreich in diesem Bereich. Man sagte ihr nach, sie könne schon im Vorfeld erkennen, was der Kunde braucht. Wie ihr wisst, hatte eine wichtige Erfahrung dazu geführt, diese Fähigkeit zu perfektionieren.

Wir müssen nicht erwähnen, dass dieses Mädchen auf eine gewisse Art ihren Frieden mit sich gemacht hatte. Ein Leben, das unter sehr schwierigen Umständen begann, Schwierigkeiten, die dazu geführt hatten, eine neue Richtung einzuschlagen. Eine tagtägliche Geschichte, wie sie vielen von euch passiert. Sicherlich

beinhaltet diese Wahl eines Lebens genügend Gründe, die sogenannte „Flinte ins Korn" zu werfen. Euch einen Anlass dafür zu
bieten, euer Leben zu überdenken. In euch hineinzufühlen, um
zu erkennen, was ihr tun müsst, um es zu verändern. Gerade
die widrigen Umstände können immer wieder dazu führen, das
Erkennen so klar wie möglich zu machen. Der Schmerz, der damit verbunden ist, die Engstellen oder Sackgassen die euch dazu
veranlassen, umzukehren. All das sind sinnvolle Begebenheiten, die euch lernen lassen. Schaut es euch an, eurer Leben und
euer Wirken. Fühlt euch hinein! Erkennt, wo eure Talente sind,
bemerkt aber auch, wenn ihr euch in einer Sackgasse befindet!

Die Umkehr

Viele von euch Seelen befassen sich mit den Extremen in ihrer Entwicklung. Wir würden sagen – auf unbewusste Art und Weise. Trotzdem, so wissen wir, ist diese Art des Lernens sehr effektiv. Das Reinigungsverfahren ist nur eine dieser Möglichkeiten, die dazu führen werden, etwas in eurem Leben zu verändern. Wie zum Beispiel Unfälle und dergleichen gepaart mit euren Schwachpunkten und Schwierigkeiten bei dem Erleben eurer Lebensthemen. Sie beinhalten alle Facetten, die ein Leben bieten kann. All das Lernen, das euch verzweifeln und manchmal scheitern lässt. Das Scheitern, das euch scheinbar psychisch zerbrechen lassen könnte und trotzdem auf eine gewisse Weise seinen Sinn hat.

Beginnen wir mit einer Geschichte, die anschaulich zeigen soll, wie es gemeint ist, dieses Lernen. Wir gehen davon aus, dass eine bestimmte Begebenheit zu einer Art der Stärkung geführt hat, die ohne diese Erfahrung nicht möglich gewesen wäre. Wir sprechen von einem Mann. Nennen wir ihn Georg. Er ist als Schreiner tätig, wäre aber für die Tätigkeit als Computerfachmann prädestiniert gewesen. Trotz allem versieht er täglich seinen Dienst.

Ehemalige schulische Probleme hatten dazu geführt, ihn auf eine Schiene der Ausbildung zu bringen, die nicht seiner Berufung entsprach. Die Fähigkeit, mit Holz zu arbeiten, sowie das Talent für handwerkliche Tätigkeiten waren etwas, das ihm zwar angeboren war und leicht von der Hand ging, aber keine wesentliche Herausforderung bot. Langeweile war eins der Hauptthemen, die er mit dieser Arbeit verband. Täglich an einen Arbeitsplatz zu gehen, der eigentlich nicht seinem Verlangen entsprach, immer mit dem Gedanken im Hinterkopf, es eines Tages verändern zu können.

Familiäre Verpflichtungen, Frau und Kinder, der Bau eines Hauses hatten immer wieder eine „Verschiebung" seiner Wünsche hervorgerufen. Nach unserem Empfinden eine „unnötige" Verschiebung, weil er nicht erkannte, dass eigentlich immer die Möglichkeit der Veränderung da gewesen wäre. Aber der Gedanke, der ihn davon abhielt, war die Angst, andere Menschen mit den Umständen, die mit einer Umschulung einhergingen, zu belasten. Verschiebung in dem Sinne, seine eigenen Bedürfnisse nicht wahrzunehmen, sie nicht ernst zu nehmen. Bedürfnisse, die dafür sorgen würden, dass es ihm gut gehen könnte, wenn er diesen nachging. Aber all das tat Georg nicht. Er tröstete sich mit den Gedanken, dass es ihm eigentlich gut ginge. Er lebte im eigenen Haus gemeinsam mit Frau und Kindern. Das war im Grunde alles, was er für ein gutes Leben brauchte.

Eines Tages begann er sie zu spüren. Die unglaubliche Schwäche, die ihn davon abhielt, so zu arbeiten, wie es gewohnt war. Seine Beine, sein ganzer Körper fühlten sich an wie Blei. Jeden Tag diese Schwierigkeiten mit dem Aufstehen! Seine Frau drang auf die Untersuchung eines Arztes. Er sollte herausfinden, was ihrem Mann fehlte. Die Diagnose, die eigentlich keine war. Körperlich gesund kam er aus der Praxis. Kein Anhalt auf eine Erkrankung, nur diese Schwäche. Georg tat es als vorübergehenden Zustand ab. Er bemühte sich, seinen Alltag so normal wie möglich zu bewältigen. Der Alltag, der ihm von Tag zu Tag schwerer vorkam. Schon bald kamen die Infekte hinzu. Eine Grippe folgte der anderen. Wieder fanden einige Bluttests statt, doch kein Merkmal, keine Auffälligkeit, die darauf hinwies, dass irgendetwas nicht in Ordnung war. Georg war verzweifelt. So sehr wünschte er sich wieder sein normales Leben zurück. Zu arbeiten, zu leben ohne Zwischenfälle.

Als er mal wieder mit einer Grippe im Bett lag, bekam er genügend Zeit für Überlegungen. Genügend Zeit, um sich Gedanken darüber zu machen, wie er sein Leben in Zukunft weiter gestalten wollte. Er spürte diesen Drang, etwas verändern zu wollen. Diesen unglaublichen Wunsch, so sein Leben nicht mehr weiterführen zu wollen.

Diese Idee, etwas anderes tun zu wollen. Einfach etwas völlig anderes!

Er wusste nicht, was, er wusste nicht, wie. Doch dieses Verlangen nach einer Änderung ließ ihm keine Ruhe mehr. Er stand morgens mit diesem Gedanken auf, er ging abends mit diesem Gedanken zu Bett. Seine Frau merkte, dass er sich verändert hatte. Eine Stille umgab ihn, die seinem Außen immer wieder den Eindruck vermittelte, nicht anwesend zu sein. Immer wieder versuchte seine Frau, mit ihm ins Gespräch zu kommen. Doch nur ein Nachdenkliches „Ja, ja!" war die Antwort. Was war nur mit ihm los? Er zog sich immer mehr zurück, nahm nicht mehr an gemeinsamen Unternehmungen teil. Ließ keine Fragen und Gespräche zu. „Ist er etwa depressiv?", dachte seine Frau.

Eine seiner Töchter, ein einfühlsames Mädchen, ein Mädchen, dem man nicht böse sein konnte, schaffte es, ihren Vater aus der Reserve zu locken. Sie saßen eines Tages auf der Bank vor ihrem Haus. Ein schöner Himmel begleitete den Untergang der Sonne, eine einzigartige Stimmung lag in diesem Abend. Die warme, wohlriechende Luft des benachbarten Weizenfeldes drang mit einem leisen Windhauch herüber. Ein Abend, an dem man sich wünschte, dass er nie vorbeigehen würde. Der Vater hatte sich eine Flasche Bier aufgemacht und beobachtete die Vögel, die mit der Thermik spielten. Ein schönes Bild, das ihm half, seine Gedanken vorbeiziehen zu lassen. Gedanken, die seinen Wunsch verstärkten, Gedanken die aber auch Überlegungen zuließen, in eine gewisse Planung zu gehen. In eine Planung, die sein Leben verändern ließ. Gedanken, die ihn in eine neue Richtung bringen würden. Als er so versonnen in den Himmel schaute, setzte sich seine Tochter hinzu. Ein ehrliches, direktes Mädchen, die ihr Herz am richtigen Fleck hatte. Sie fühlte, dass ihren Papa etwas bewegte, und sprach ihn an.

Weit weg mit seinen Gedanken erschrak er, als er bemerkte, dass er nicht allein war. Er freute sich über die Anwesenheit seiner Tochter. Eine liebevolle Umarmung deutete ihr an, dass sie etwas näher kommen sollte. Er begann zu sprechen. Darüber, wie schön es sein würde, etwas zu tun, was einen rundum zufrieden machen würde. Er erzählte ihr die Geschichte von einem Mann, der zwar alles hatte, was man zum Leben brauchte, aber trotzdem nicht glücklich war. Von einem Mann, der zwar Menschen um sich hatte, die ihn liebten, der aber trotzdem das Gefühl haben musste, nicht alles für sie zu tun. Dass ihn immer wieder Gedanken bewegten, etwas verändern zu müssen, er aber keine Möglichkeit sah, wie er diese umsetzen sollte. Diese Geschichte erzählte er seiner Tochter, die aufmerksam zuhörte.

Ihr kindlicher Verstand konnte das Gesagte nur zum Teil umsetzen. Trotzdem kam es ihr bekannt vor. Irgendwie wusste und merkte sie, dass es nicht irgendein Mann war, von dem ihr Vater sprach. Nein, er war es! Ihr Papa, der ihr in dem Moment sehr klein und verletzlich vorkam. Mitleid kam in ihr hoch und das dringende Bedürfnis, sich fest an ihn zu kuscheln. Sich einfach nur an ihn zu drücken, um für ihn da zu sein. Sie wusste, dass sie ihm nicht helfen konnte, doch spürte sie, dass ihm ihre Anwesenheit guttat. Er war schließlich ihr Papa. Ein Mensch, der zu den wichtigsten Menschen in ihrem Leben gehörte. Der Abend verging, und als Georg am nächsten Tag aufstand, hatte er eine Idee. Eine Idee, die ihn in eine neue Richtung brachte. Eine Idee, die sein Leben auf völlig neue Beine stellen konnte. Mit einer großen Vorfreude suchte er ein Gespräch mit seiner Frau, die völlig überrascht war von seiner Redseligkeit. So hatte sie ihn schon lange nicht mehr erlebt. Sehr still war er in den letzten Wochen und Monaten. Beängstigend still, was sie dazu bewog, immer in Sorge zu sein. Doch jetzt stand er vor ihr. Ein

Lächeln lag auf seinem Gesicht. Dieses Strahlen, das von ihm ausging, bewog sie dazu, zuzuhören.

Es war ein tollkühner Vorschlag, den er ihr machte. Eine neue Ausbildung zu beginnen, das war sein Wunsch. Etwas völlig Neues zu machen! Er hatte sich schon gewisse Vorkenntnisse im Computerwesen erarbeitet.

Auch das fiel ihm sehr leicht. Trotzdem musste er dafür sorgen, sich noch mehr Kenntnisse darüber anzueignen. Er wollte es verknüpfen, mit seinem Talent, was die Holzarbeit betraf. Um damit eine gewisse Herausforderung zu haben. Das Entwickeln von Spezialeinbauten. Design und Innenarchitektur in einem. Eine anspruchsvolle Tätigkeit, die seine Fähigkeiten mit einbezog, aber auch voraussetzte, dass er noch einmal zur Schule ging. Sein Startkapital war ein Sparvertrag, den er eigentlich für etwas anderes vorgesehen hatte. Trotzdem hatte er das dringende Bedürfnis, diesen Wunsch zur Seite zu stellen, um es für etwas wirklich Sinnvolles auszugeben. Nachdem seine Frau ihr Einverständnis gegeben hatte, besprach er sein Vorhaben am nächsten Tag mit seinem Chef. Dieser war sehr erstaunt über seinen Mitarbeiter. Auch ihm war in letzter Zeit aufgefallen, dass er sich verändert hatte. Ein intuitives Gefühl gab ihm dem Impuls, ihm helfen zu müssen. Er schlug ihm etwas vor, das Georg sehr erstaunte. Er sprach davon, dass auch er schon seit Langem nach einer neuen Möglichkeit suchte, sein Geschäft und die Angebote, die er damit verband, zu erweitern. Diese Möglichkeit der Spezialisierung versprach die Eröffnung eines neuen Geschäftszweiges. Er erbat sich eine Bedenkzeit, um sich noch einmal durchzurechnen, was man aus diesem Gedanken machen konnte.

Der darauffolgende Vorschlag, den er Georg machte, war überwältigend. Er sprach davon, ihn zur Schule schicken zu wollen. Er wollte sich zu einem gewissen Teil an dieser Ausbildung beteiligen. Im Gegenzug erwartete er von seinem Mitarbeiter, sich ihm auf eine gewisse Weise zu verpflichten. Er wollte ihm, wenn seine Schulung fortgeschritten war, ein Büro einrichten, in dem er in Ruhe und frei arbeiten konnte. Und zu guter Letzt – unterstrich er noch einmal, wie wichtig es ihm war, dass er weiter bei ihm arbeitete. Nebenberuflich, immer ein paar Stunden, sodass er das Defizit ausgleichen konnte, das durch die Schulzeiten entstand. Sicherlich ein anstrengendes Vorhaben, das von Georgs Familie einige Geduld abverlangte. Schließlich würde er sehr viel Zeit für Ausbildung und Beruf brauchen. Trotzdem eine Möglichkeit, sein Leben auf völlig neue Beine zu stellen. Eine Möglichkeit, Selbstbestätigung und Aufwertung seiner Tätigkeit zu bekommen. Ebenso die einzigartige Chance zu bekommen, einmal besser verdienen zu können. All das bewog den Mann nun dazu, in diesen Vorschlag einzuwilligen. Eine Chance für sein neues Leben. Die Chance, endlich seine Wünsche, seine Berufung umzusetzen.

Am ersten Tag seines „neuen" Lebens stand er frühmorgens mit einer gewissen Aufregung auf. Er hatte die ganze Nacht schlecht geschlafen, zu viel ging ihm durch den Kopf.

Die tausend Gründe seiner Angst, die ihm einredete, dass die Veränderung unmöglich sei, hätte es geschafft, ihn von seinem Vorhaben abzuhalten. Doch sein standfester Wille, der Entschluss, den er gefasst hatte, sorgte dafür, dass er sich in sein Auto setzte und den Weg der „Veränderung" auf sich nahm.

Er stellte relativ schnell fest, dass seine Vorkenntnisse, mit Holz gearbeitet zu haben, einen gewissen Vorteil brachten. Viele der Studenten, viele der Personen, die bis zu diesem Zeitpunkt noch nie praktisch gearbeitet hatten, taten sich sehr schwer in der Umsetzung ihrer Ideen. Seine bereits gewonnene Erfahrung war sein Vorteil und sorgte dafür, dass er schon bald zu den Jahrgangsbesten gehörte. Ein Grund mehr, stolz auf sich zu sein. Noch ein Grund mehr, die Bestätigung dafür zu bekommen, das Richtige getan zu haben. Dieses Gefühl gab ihm für den zeitlichen Aufwand, der von ihm abverlangt wurde, so viel Kraft, dass er das Pensum mühelos schaffte. Seine Familie zeigte viel

Verständnis allein aus dem Grund, da sie bemerkten, wie glücklich der Mann und Vater war. Er war wie ausgewechselt, hatte Energie, und die letzte Grippe lag schon sehr lange Zeit zurück. „Ein völlig anderer Mensch", sagten sie. Es war eine Freude, den Wandel zu beobachten.

Der Mann brachte es sehr weit. Er begann innerhalb kürzester Zeit, das Erlernte in die Praxis umzusetzen. Sein Chef war begeistert, so konnte er relativ schnell die Früchte seiner Investition ernten. Eine Zusammenarbeit, die sehr erfolgreich werden sollte.

Das ist eine Geschichte, wie sie vielen von euch passieren könnte. Eure Chancen zu erkennen ist die eine Möglichkeit, euer Leben zu verändern. Das Durchhaltevermögen und die Zuversicht, es schaffen zu können, eine andere. Seht, was euch belastet! Schaut hin! Es nutzt nichts, euch in eurem Selbstmitleid zu suhlen. Erkennt eure Möglichkeiten! Es ist für jeden eine da. Ausschließlich für jeden. Keiner wird benachteiligt. Denkt immer daran!

Viele Seelen, die bewusst, und wir sagen deswegen bewusst, in ihrem Leben fortschreiten, sind Seelen, die gelernt haben, sich zu reflektieren. Diese Seelen, die gelernt haben, ihr Wirken zu überdenken, ihre Art und Weise, mit allen Lebewesen und der Natur sowie auch mit der geistigen Welt Verbindung aufzunehmen, sind in unserem Sinn gesegnet. Ihr Weitergehen in einem/ihrem Entwicklungszyklus hat schon eine gewisse Leichtigkeit angenommen, der sie, soweit möglich, sicher voranschreiten lässt. Trotzdem ist auch dieser Weg mit Hürden bestückt.

Ich meine damit Lernaufgaben, die sehr schwierig sein können. Quasi als Examensarbeit der Seele gedacht, aber auch schon durch eine gewisse Mission gekennzeichnet, die anderen Menschen/Seelen helfen soll. Meist handelt es sich um Seelen, die oft in der Öffentlichkeit stehen, die Möglichkeiten haben, an Hebeln und wichtigen Stellen zu wirken. Seelen, die bewusst mit einer Mission in ein Leben gegangen sind. Die Mission, die der Menschheit Hilfestellung geben soll. Missionen, die durch „das Verbessern" der Welt gekennzeichnet sind. Sehr schwierige Leben, aber auch leicht zu gleich. Eine komplexe Darstellung einer reifen Seele, die durchaus gelernt hat, weitgehend angstfrei durch ihr Leben zu gehen. Die mittlerweile gelernt hat, mit Schwierigkeiten umzugehen. Meist in jedem Fall eine Lösung kennt. Gestützt auf die Zusammenarbeit mit der geistigen Welt.

Lasst uns zu einem Beispiel kommen, ein Beispiel das eindrucksvoll darstellen wird, wie wichtig dieses abschließende Wirken solcher Seelen sein kann.

Wir sprechen von einer Frau. Einst als Kind schwieriger Familienverhältnisse groß geworden. Anerkannt sein in dem Familienverband war diesem Mädchen fremd. Ihre Andersartigkeit bemerkte sie schon relativ früh. Zu groß war der Unterschied, in ihrem Denken und Fühlen, der Art und Weise, wie sie sich artikulierte. Ihre weitreichenden Gedanken und Emotionen führten immer wieder dazu, dass sie sich fremd und sehr allein vorkam. Als Kind in einer Familie geboren zu werden, die schließlich zerbrach. Ein Vater, der immer nur dann präsent war, wenn er Lust auf die Familie hatte. Eine Mutter, die kämpfte, aber auch gezeichnet war von ihren Ängsten und der Hoffnungslosigkeit in ihrem Leben.

Das Kind wuchs heran. Es versuchte, das Beste aus der Sache zu machen. Es war sich sicher, dass es eines Tages die Möglichkeiten hätte, ein besseres Leben zu führen. Ein Leben, das geprägt war durch Liebe und Vertrauen. Nicht unbedingt zu ihrer Herkunftsfamilie, aber zu Menschen, die ihr das Gefühl gaben, wertvoll und wichtig zu sein. Denn wertvoll und wichtig, das waren Aspekte, die sie sicher voranschreiten ließen.

Sie begann relativ schnell damit, ihren eigenen Weg zu gehen. Ein Weg, der sie unabhängig werden ließ. Ein Weg, der ihr das Gefühl gab, wichtig zu sein. Menschen zu helfen, das war ihre Aufgabe! Sie wollte und musste irgendwie Menschen helfen! Das

Schicksal fügte es, dass sie eines Tages als Krankenschwester in einem Altenheim arbeitete. Allerdings war die Arbeit in einem Altenheim nicht das, was sie sich vorgestellt hatte! Eine lange Zeit haderte sie mit dem Gedanken, in einem Altenheim zu versauern, wo es doch so viele andere Menschen gab, denen man helfen konnte. Einst, in jüngeren Jahren mit dem Wunsch ausgestattet, als Entwicklungshelferin zu wirken, aber aufgrund familiärer Umstände an einen Ort gebunden zu sein. Diese Tatsache war für sie nicht immer einfach zu akzeptieren. Sie hatte oft das Gefühl, in ihrer Familienrolle eingesperrt und eingeschränkt zu sein. Sie hatte zwar viel Freude, ihre Kinder heranwachsen zu sehen. Trotzdem war da immer dieses Gefühl, für mehr geboren zu sein. Für eine Mission, eine bestimmte Aufgabe. Ein Gefühl, das ihr die Sicherheit gab, daran zu glauben, dass eines Tages „ihr Stündlein" schlagen würde.

Es vergingen einige Jahre, die nicht immer sehr einfach für die Frau waren. Schwierige Verhältnisse in ihrer Herkunftsfamilie führten dazu, dass sie sich eines Tages trennte. Von Vater, Mutter und Geschwistern. Sie hatten nie bemerkt, wer sie eigentlich wirklich war. Zu sehr waren sie mit sich beschäftigt. Zu sehr zeigten sie ihr, dass sie anders war. Der Schmerz und die gesundheitlichen Beschwerden, die damit einhergingen, verstärkten das Bewusstwerden, etwas ändern zu müssen. Dieses Bewusstwerden zwang die Frau dazu, mit allem abzuschließen, was sie belastete. Ein Befreiungsschlag von ihrer Seite. Aus unserer Sicht ein großer Sprung nach vorn. Er verhalf ihr dabei, mit einer gewissen Leichtigkeit weiterzugehen.

Ballast abzuwerfen, in unserem Sinn ein wichtiger Vorgang, bevor man auf eine neue Reise geht!

Sie bereute keine Minute, was sie getan hatte. Zu sehr war ihr bewusst, dass kein Weg daran vorbeigeführt hätte. Zu sehr war sie sich im Klaren darüber, dass sie sich frei machen musste, für ihren neuen Weg.

Ihr Mann, ein sehr liebevoller Mann, stand immer verständnisvoll hinter ihr. Er beobachtete im Stillen ihre Entwicklung. Eine Entwicklung, die ihm Freude machte, aber auch manchmal unverständlich war. Seine Liebe jedoch half ihm, vertrauensvoll zu sein. Zu wissen, egal was passiert, dass es in Ordnung ging. Eine Ehe, die nicht immer einfach war. Trotz geistiger Einheit empfanden sie oft extreme Unterschiedlichkeiten in ihrem Fühlen und Denken. Diese Problematik ließ sie als Partner sich sehr häufig voneinander entfernen. Trotzdem schafften sie immer den Spagat, sich zu gegebener Zeit wieder aufeinander zuzubewegen.

Die Frau arbeitete sich hoch. Ganz klein hatte sie in diesem Betrieb angefangen zu arbeiten. Doch irgendwann stand sie weit oben. Eine Position, die ihr zugedacht war aus einem ganz besonderen Grund. Sie hatte die Aufgabe, Menschen unter schwierigen Arbeitsverhältnissen in einem schlecht geführten Betrieb zu helfen.

Lüge, Manipulation, Mobbing, all das waren Gründe dafür, dass sie auf eine Mission geschickt wurde. Eine Mission, die nicht sehr einfach war. Sie bescherten ihr regelmäßig Schwierigkeiten mit der Chefetage. Ebenso wie die kontinuierlichen Androhungen einer Kündigung. Das wiederum bewegte die Frau dazu, sich abzusichern. Vertreterin für die Mitarbeiter war eine Position, die ihr in gewisser Weise Sicherheit bot. Eine Art Kündigungsschutz. Ihre Beliebtheit bei den Kollegen führte dazu, dass man sie wählte. Trotzdem hatte sie weiterhin das Gefühl, in ihrem beruflichen Leben etwas ändern zu müssen. Aber egal, in was für eine Richtung sie dachte, sie stellte fest, dass sie noch nicht gehen konnte.

Es waren einige Jahre vergangen. Die Frau war mittlerweile in einer Position, die ihr verhalf, Stricke zu ziehen. Stricke, die einen Knoten lösen konnten und mussten. Zu sehr wurde das Haus gepeinigt von den schwierigen Verhältnissen. Im Innen sowie im Außen gab es immer mehr Kritik, die viele Mitarbeiter dazu brachte, zu resignieren. Es musste was geschehen!

Ein Vorfall, wir nennen es einen Auslöser, brachte den Stein zum Rollen. Wieder stand diese Frau am Pranger. Diesmal war es ein sehr öffentlicher Pranger, der dazu führte, dass sie sich wehrte. An oberster Stelle, allerdings auch eine Stelle, die ihr bis zu diesem Zeitpunkt eher Angst einflößte. Eine Stelle, von der sie aufgrund ihrer bisherigen Erfahrungen nicht viel Hilfe erwartete. Trotzdem wandte sie sich an eine Person, die sich ihre Probleme anhörte. Nicht nur ihr Problem besprach sie mit dieser Person, nein, sie sprach auch die Probleme ihrer Kollegen an. Sie war überrascht über die Reaktion.

Man hatte bereits bemerkt, dass vieles in diesem Haus nicht mehr in Ordnung war. Trotzdem fanden sie bis dato keinerlei Anhaltspunkte, um der Sache auf den Grund zu gehen. Nun hatten sie einen Grund! Und das, was sie fanden, war erschreckend. Es führte dazu, dass Änderungen vorgenommen wurden. Einschneidende Änderungen, die dazu führten, dass es zu einer Entlassungswelle kam. Zu entlassen hieß aber auch, dass neu eingestellt wurde. Und damit war die neue Zukunft für dieses Haus besiegelt. Der letzte Schritt vor dem sicheren Untergang. Ein Schritt, der dazu geführt hatte, dass diese Frau ihre Mission in diesem Haus beendet sah. Fortan konnte sie frei und unbeschwert arbeiten. Das Haus erholte sich sehr schnell von seinen Schwierigkeiten. Es wurde ein neuer, aber auch sehr arbeitsreicher Weg beschritten. Es war jedoch auch ein Weg, der vom Erfolg gekrönt wurde. Einzigartig, diese neue Chance!

Die Frau kam langsam zur Ruhe. Ihre Arbeit verlangte noch mal von ihr, dass sie ihren Kollegen zeigte, wie es weitergehen konnte. Viel zu sehr hatten sie bisher in der Angst des Versagens gelebt. Etwaige eigenständige Schritte in ihrer Arbeit waren unter der alten Führung unerwünscht. Doch jetzt sollten sie lernen, selbstständig zu denken, zu fühlen und zu handeln. Kein einfaches Vorhaben! Doch die Geduld der Frau und ihr unglaubliches Engagement brachten die Mitarbeiter zu einer Umkehr. Umkehr in dem Sinne, ihnen die Möglichkeit zu geben, hinzusehen. Zu erkennen, was in ihnen steckt. Festzustellen, dass alles geändert werden kann. Und zu guter Letzt, wieder Spaß bei der Arbeit zu haben.

Die einzelnen Schritte kamen einer auf den anderen. Schritt für Schritt. Eine Form der Möglichkeit, Dinge umzusetzen. Eine Vorgehensweise, stetig und sicher voranzuschreiten.

Schon bald war die Frau sich sicher, dass ihre Kollegen es jetzt schaffen konnten. Sie wussten mittlerweile, worauf es ankam. Sie wussten, wie sie das Gelernte umsetzen konnten. In unserem Sinn eine erfolgreiche Mission. Aber auch der Punkt im Leben der Frau, an dem sie merkte, dass sie nun weitergehen musste. Auf zu einer neuen Mission, auf in neue Gefilde, die ihr Leben noch mal auf neue Beine stellen sollte.

Die Frau wusste schon seit sehr langer Zeit, dass sie für mehr geboren war. Dies war nur ein kleiner Teil ihrer Aufgaben, mit denen sie in ihr abschließendes Leben gegangen war. Ein Leben, das ihren Zyklus der Reinkarnation beenden sollte.

Ein Leben, das den Menschen zeigen sollte, wie viel man schaffen konnte.

Eine innerliche Unruhe ließ die Frau eine Entscheidung treffen. Die geistige Welt hatte vor langer Zeit Einfluss auf die Frau genommen. Eine Beeinflussung, die sie dazu brachte, Nachrichten zu übermitteln. Fähigkeiten, die bereits in Form eines Samenkorns veranlagt waren, auszubauen. Die Arbeit als Medium für die geistige Welt wurde fortan zu einer ihrer Aufgaben. Die Arbeit an und für die Menschheit würde die weitere Zukunft der Frau bestimmen. Eine wertvolle und sehr hilfreiche Arbeit, aus unserer Sicht, für viele Menschen die letzte Rettung.

Die Frau nahm ihre neue Aufgabe sehr ernst. Auch diesmal bereitete sie sich gründlich darauf vor. Genoss auch in diesem Bereich eine Art Ausbildung, die ihr dazu verhalf, die Hintergründe und Inhalte der Lehre der Reinkarnation weiterzugeben. Ein anfangs eher kleiner Teil ihrer Arbeit, der schließlich zu einem umfangreichen und großartigen Unternehmen heranwuchs. Sie lernte sehr wichtige Leute kennen, die ebenfalls mit einer Mission in ihr Leben gegangen waren. Seelen/Menschen, die an wichtigen Hebeln saßen. Menschen, die sehr großen Einfluss auf das Fortbestehen der Menschheit hatten. Eine Kooperation zu dem einen Zweck, dass der Menschheit gezeigt werden konnte, wie es weitergehen kann.

Eine ähnliche Mission, wie die Aufgabe in diesem Altenheim.

Die Frau hatte mittlerweile ihr Leben komplett umgestellt. Sie hatte das Altenheim verlassen und konzentrierte sich vollkommen auf ihre neue Aufgabe. Ihre Familie war mittlerweile so „erwachsen", dass ihre Anwesenheit nicht mehr so oft gefordert war. So konnte sie sich voll und ganz auf diese neue Mission konzentrieren. Eine Mission, die sehr viel von ihr forderte, sie aber auch sehr glücklich machte. Wie ich finde, eine einzigartige Mission sowie eine effektive Kooperation mit der geistigen Welt. Eine Arbeiterin des Lichts. Ein wundervolles Vorhaben. Ein wundervoller Lebensplan.

Zehre von deinem Erfahrungsschatz

Betrachten wir nun ein Thema, das viele Seelen in ihrer Inkarnation bewegt. Leider ist es auch ein Thema, welches euer Leben manchmal bitter erscheinen lässt. Trotzdem, so sage ich, ist es geprägt durch die Möglichkeit zu lernen. In unserem Sinn ein wichtiger Schritt, euch weiterzuentwickeln. Um auf eure ganz besondere Art und Weise irgendwann, zu einem gegebenen Zeitpunkt, den Zyklus der Reinkarnation abzuschließen. Abzuschließen würde für euch bedeuten, nicht mehr in einem Körper zurückzukehren zu müssen. Die irdische Existenzform für immer hinter euch zu lassen, um das Fortschreiten und Entwickeln eurer Seelenessenz auf einer anderen Ebene fortzuführen. Wie ich finde, ein einzigartiges System und ein wundervoller Weg, mit eurer Entwicklung fortzuschreiten. Lasst uns nun zu einem Beispiel kommen, welches gefühlsmäßig nicht ganz einfach in der Umsetzung ist. Es handelt sich um ein Beispiel, das sehr berühren kann!

Sehen wir uns nun die Geschichte eines kleinen Jungen an. Ein Kind, geboren in eine schwierige Lebenssituation. Ein Kind, krank von Anfang an. Etliche Umstände hatten dazu geführt, dass sein Körper eine Art Gefängnis für ihn war. Ein Körper, der nicht funktionierte und leider dafür sorgte, dass er unzählige Tage und Wochen im Krankenhaus verbrachte. Apparate, an die er von Zeit zu Zeit angeschlossen wurde, gaben eine Übersicht der Restfunktionen, die nicht glauben ließen, dass man so überleben konnte. Trotzdem hielt der Junge wacker durch, zu sehr hing sein Herz an seinen Eltern.

Eines Tages geschah etwas, was das Leben dieser Familie ändern sollte. Der Junge wurde wie so oft mal wieder auf die

Entlassung in sein zu Hause vorbereitet. Medikamente, die er nehmen musste, wurden sorgsam in einer Tasche verpackt. Eine Übersicht, geschrieben auf einen Zettel, sollte den Eltern Anhalt darüber geben, wie weiterhin fortzufahren war. Mit der medikamentösen Therapie und den krankengymnastischen Maßnahmen, die für Stabilität und Besserung sorgen sollten. Die Familie befand sich mittlerweile schon wieder eine gewisse Zeit im Krankenhaus. Eine einfache Kontrolluntersuchung hatte dazu geführt, dass ihr Sohn bleiben musste. Kein Mensch konnte bis zum damaligen Zeitpunkt ahnen, wie lange diesmal dieser Aufenthalt wurde.

Der Vater hatte sich am Tag der Entlassung seines Sohnes freigenommen. Ein Tag, der für ihn eine gewisse Erleichterung mit sich brachte, aber auch dafür sorgte, dass er zweifelte. Zweifelte daran, ob er mit der schwierigen Situation klarkam. Die bereits unzähligen gesundheitlichen Krisen seines Sohnes, die von ihm immer wieder verlangten, ruhig und besonnen zu sein.

Zu handeln, ohne in Panik zu geraten. All das konnte der Vater noch nicht. Zu groß war die Angst, dass etwas schiefgehen könnte. Seine Frau war wesentlich ruhiger in der Durchführung der notwendigen Dinge. Sie versuchte beständig dafür zu sorgen, dass es dem Kind gut ging. Egal was passierte, sie wusste sich immer zu helfen. Mit Respekt und sehr viel Liebe betrachtete dieser Mann das Tun seiner Frau. Eine Frau, die es gewohnt war, mit schwierigen Situationen fertigzuwerden. Eine Lektion, die sie nicht in diesem Leben gelernt hatte, deshalb auf ihren Erfahrungsschatz anderer Leben zurückgreifen konnte. In diesem Fall, wie ich finde, überlebenswichtig. So wunderte sie sich oftmals selbst über ihre Besonnenheit. Trotzdem gab es auch bei ihr Momente, die sie zweifeln ließen. Zweifeln an dem Leben, das sie als Familie führten. Zweifeln an der Gesundung ihres Sohnes, den sie so sehr liebte. Trotz allem tat sie immer, was sie tun musste. Die Liebe zu ihrem Sohn ließ sie fortfahren, bei den Hilfestellungen, die sie ihm gab. Ihr Sohn zeigte sich dankbar. Zu sehr wusste er, wie sehr er auf sie angewiesen war. Zu sehr war ihm bewusst, dass dieser Körper zu viele Grenzen hatte.

Auch an jenem Morgen vor der Kontrolluntersuchung begrüßte sich die Familie wie jeden Morgen. Sie hatten eine Art Ritus daraus gemacht, da sie immer wieder froh waren, sich wiederzusehen.

Festzustellen, dass die Anzahl der Familienmitglieder gleich geblieben war. So groß war die Angst vor dem plötzlichen Tod ihres Jungen.

Der kleine Junge war mittlerweile herangewachsen und in der Lage, sich mit einem Lächeln und einem leichten Händedruck an diesem Ritual zu beteiligen. Er lachte herzlich und befreit, als wäre er nie krank gewesen. Einfach zu lachen, als gäbe es in seinem Leben weder diese Einschränkungen noch die Ängste, die damit verbunden waren. Seine Eltern waren erstaunt. Sie hatten eine ruhige Nacht hinter sich, keines dieser Geräte hatte Alarm geschlagen. Eine Nacht, die vermuten ließ, dass der gesundheitliche Zustand des Jungen stabil war und ihnen einen ruhigen Schlaf bescherte. Diese Möglichkeit hatten sie leider viel zu selten. Oft mussten sie aufstehen und ihren so notwendigen Schlaf unterbrechen, damit sie ihrem Sohn die nötige Hilfestellung geben konnten. Meist war es die Frau, die aufstand. Doch mittlerweile traute sich auch der Vater an die Sache. Sehr lange hatte er dazu gebraucht, sich dazu zu überwinden. Die Erschöpfung, die er an den Augen seiner Frau ablas, brachte ihn schließlich dazu, sich zu beteiligen. Er liebte sie. Er brauchte sie. Zu groß war seine Angst, eines Tages ohne sie dazustehen.

Der Morgen schien etwas Besonderes zu haben. Ein angenehmes Vogelzwitschern drang durch die leicht geöffneten Fenster.

Ein zarter Dunst lag auf den benachbarten Wiesen, während ein kleiner Strahl erahnen ließ, dass jeden Moment die Sonne durchbrechen würde. Sie hatten heute diesen wichtigen Termin!

Die Kontrolluntersuchung beim Kardiologen stand an. Ein Termin, der die Familie dazu veranlasste, all die wichtigen Geräte zu verstauen, die dafür sorgten, dass die Fahrt dahin reibungslos verlief. Der bestellte Krankentransport wartete pünktlich vor der Tür. Der Verkehr lief störungsfrei. Kein Stau, kein unnötiges Warten. Ein netter Fahrer begleitete sie auf diesem Weg. Er war ihnen bereits bekannt, da er schon mehrere Male ihr Begleiter und Fahrer war. Er war eine Person, die es schaffte, aus einer wichtigen Fahrt einen Ausflug zu machen.

Als sie schließlich ankamen in diesem Krankenhaus, erwartete man sie bereits. Auch die Schwestern und Pfleger waren der Familie schon bekannt. Zu oft hatten sie das gemeinsame „Vergnügen". Es war bereits zu einer Art Heimkommen geworden. Dennoch war da immer wieder die Hoffnung, nicht bleiben zu müssen.

Der Kardiologe, ein ausgeglichener ruhiger Mann, begrüßte die Familie sehr herzlich. Er hatte immer ein Spielzeug dabei, das er als Erstes dem Kind überreichte. Eine nette Geste, eine Art Taktik, um die meist angespannte Situation aufzulockern.

Er war ein Mann, der schon viel Leid gesehen hatte. Daher war es ihm sehr wichtig, dass es seinem kleinen Patienten gut ging. Er war ein Mann, einst selbst Sohn einer herzkranken Mutter, der viel Verständnis zeigte für die Einschränkungen, die so ein Herzfehler mit sich brachte. Dieser Herzfehler war leider nicht das einzige Problem, das den Jungen begleitete. Nein, auch etliche andere organische Störungen sowie eine körperliche Behinderung hatten den Körper des Jungen zu einer Art Gefängnis für ihn gemacht. Abhängig von dessen Funktionen, die nicht immer optimal zu sein schienen. Der Junge hatte einen hellwachen Kopf, war aber trotzdem nicht in der Lage zu sprechen. Eine Trachealkanüle, welche den reibungslosen Atmungsvorgang gewährleisten sollte, verhinderte, dass er sprechen konnte. Trotzdem schaffte es der Junge, an guten Tagen, zu lächeln und fröhlich zu sein. Es war immer wieder ein kleiner Hoffnungsschimmer für seine Eltern. Zu sehen, dass man auch in so einem Zustand Freude empfinden kann. Es war eine Lehre, die sich tief einkerben würde in ihren Erfahrungsschatz.

Nach einigen Untersuchungen bat man die Familie zu einem Gespräch. Die Ärzte hatten Hinweise darauf gefunden, dass die Herzfunktion und die damit verbundenen Auswirkungen nicht optimal für den Jungen waren. Sie wollten mit weiteren Untersuchungen fortfahren, um zu sehen, ob mit anderen Behandlungsmethoden eine Verbesserung erreicht werden konnte. Untersuchungen, die es nötig machten, die Heimfahrt des heutigen Tages für eine ungewisse Zeit zu verschieben.

Für die Mutter bedeutete es wieder den täglichen Spagat zwischen ihrem Zuhause und dem Krankenhaus. Doch diesmal wollte sie bleiben! Zu sehr war sie belastet durch die Ungewissheit, wie es dem Sohn erging, wenn sie nicht an seiner Seite war. Ein Zustellbett sorgte dafür, dass sie sich ausruhen konnte. Trotz allem war sie immer in einer Art Rufbereitschaft, die nicht dafür Sorge trug, dass sie sich entspannen konnte. Ihr Mann musste schweren Herzens seiner Arbeit nachgehen. Eine Arbeit, die dafür sorgte, dass der Unterhalt der Familie gewährleistet werden konnte. Es war allerdings auch eine Arbeit, die ihm in letzter Zeit keinen Spaß mehr machte. Zu groß waren immer wieder die Sorgen um seine Familie. Ein „einfaches" Arbeiten war nicht möglich, da seine Gedanken mehr als nur einmal zu Hause bei seinen Lieben waren. Trotzdem ging er täglich in diesen Betrieb, der dafür sorgte, dass sie leben konnten.
    Die Tage vergingen. Fast täglich quälte sich der Junge mit irgendwelchen Tests. Diese waren allerdings sehr wichtig, um zu sehen, ob eine Besserung stattfand. Doch jeden Tag erzählte man ihnen dasselbe.

Keine Besserung und damit auch keine Aussicht, so schnell nach Hause zu kommen. Die Sauerstoffsättigung gab Anlass zur Sorge. Eine stetige Unterversorgung mit Sauerstoff würde bedeuten, dass Organe und die körperlichen Funktionen geschädigt wurden. Kein Zustand, der zufriedenstellend war. Ein Zustand, der täglich neuen Anlass zur Sorge gab. Wenn da nicht dieses freudige Gemüt des Jungen gewesen wäre! Gelassen ließ er alles über sich ergehen. Er schlief sehr viel. Schien zeitweise sogar wie „entrückt" von dieser Erde. Geistige Wesen hatten den Auftrag bekommen, ihn intensiv zu begleiten und zu beruhigen. Von alldem bekam die Mutter nichts mit. Sie wunderte sich nur, dass ihr Kind so still und zufrieden wirkte. Sie konnte sich nur wundern, mit wie viel Vertrauen er an sich arbeiten ließ. Doch half es ihr selbst, verhältnismäßig ruhig zu bleiben. Zu tun, was nötig war, um dem Kind, ihrem Kind, die nötige Hilfestellung zu ermöglichen. Ihm das Gefühl zu geben, dass er nicht allein war. Ich empfinde es als einen einzigartigen Liebesdienst am Menschen. Geprägt durch Wertschätzung und Respekt.

Doch eines Tages geschah etwas Unglaubliches. Wieder hatten schon frühmorgens die üblichen Tests stattgefunden. In der Regel wurden sie relativ zeitnah über die Ergebnisse informiert. Doch diesmal zog sich die Nachricht in die Länge.

Die aktuellen Werte und Ergebnisse gaben Anlass dazu, weitere Informationen einzuholen. Besprechungen mit Kollegen, ein Meinungsaustausch und letztendlich die Absegnung der „höchsten Instanz der Kardiologie". Die Meinung eines Professors, der meist nur für die Sorgenkinder zuständig war. Spezialfälle, wie man so schön sagt. Aber das, was er sah, hatte er auch noch nie erlebt. Das Loch im Herzen hatte sich verschlossen. Ein Vorgang, der im fortgeschrittenen Alter, in dem der Junge sich befand, höchst selten war. Eigentlich so gut wie nie stattfand. Aber das, was er sah, war eindeutig. Das Loch hatte sich verschlossen. Wie auch immer. Es war zu!

Die guten Nachrichten überbrachte er der Mutter höchstpersönlich. Durch die guten Nachrichten gab es Anlass zur

Hoffnung, dass der Gesundheitszustand des Jungen sich stabilisieren konnte. Der Professor fand: „Ein Grund zum Feiern!" Die Mutter konnte es kaum glauben. Man entließ die beiden mit der Aussicht, irgendwann einmal ein halbwegs normales Leben führen zu können. Natürlich geprägt durch die Behinderung, trotzdem stabil und beständig.

Die Heimfahrt wirkte auf Mutter und Sohn wie eine Heimkehr. Nach Hause zu kommen, in ihr Zuhause! Zurück zur Normalität und dem Wissen, dass alles besser werden würde. Der Vater wartete schon ganz aufgeregt auf die beiden. Er hatte ihr Daheim schön hergerichtet. Frische Blumen standen auf dem Tisch, und für seinen Sohn lag ein kleines Spielzeug bereit. Ganz aufgeregt wartete er auf ihre Ankunft. Eine Ankunft, die auf ein neues, sorgenfreieres Leben hoffen ließ.

Schnell begann wieder der normale Alltag. Auch ihr Ritual der Begrüßung ließen sie wieder aufleben. Zu sehr hatten sie sich vermisst.

Dem Vater war in der Zeit ihrer Abwesenheit sehr viel bewusst geworden. Wie wichtig es war, zusammenzuhalten. Wie wichtig es war, den eigenen Schatten zu überspringen. Herausforderungen in einer Form anzunehmen, die es möglich machte, nicht zu verzweifeln und an Problemen zu zerbrechen. Das Leben musste weitergehen! Tag für Tag. Es war ein wichtiger Entwicklungsschritt im Leben des Vaters. Ein wichtiger Lernvorgang mit einem Ergebnis, das sich tief einkerben würde in seinen Erfahrungsschatz.

Trotzdem starb der Junge. Eines Tages lag er tot im Bett. Als seine Mutter ihn fand, hatte er ein Lächeln auf seinem Gesicht. Ein zufriedenes Lächeln, das nicht ahnen ließ, dass er nicht mehr bei ihnen war. Nur der bläuliche Schimmer seiner Lippen und Hände verriet, dass er von ihnen gegangen war. Gegangen zu seinen geistigen Freunden, die ihn in der schweren Zeit seiner irdischen Existenz begleitet hatten. Die zusammen mit seiner Mutter dafür gesorgt hatten, dass der Junge dieses schwierige Leben schaffen konnte. Eine einzigartige Hilfestellung! Eine einzigartige Möglichkeit zu lernen!

Was seid ihr euch wert?

Vielen Lebewesen, egal ob Mensch oder Tier, ist bereits eine gewisse Leichtigkeit gegeben. Leichtigkeit in dem Sinne, es „laufen" lassen zu können. Es laufen zu lassen setzt voraus, Vertrauen zu haben. Vertrauen in die Welt, Vertrauen in deren Abläufe, Vertrauen und die Hoffnung auf Besserung. Ein Tier hat diese Eigenschaft ganz natürlich in seinem Leben integriert. Betrachten wir einen Hund, der jahrelang an einer Kette hängt. Der tagein, tagaus auf ein und demselben Platz liegen muss. Nicht unbedingt ein tierwürdiges Dasein, ein Hund, der aber doch aus irgendeinem Grund, in diesem Fall aus der Sicht des Halters, so gehalten wird. Vielleicht weil sein Besitzer es nicht besser kennt! Vielleicht weil sein Besitzer es so will! Leider handelt es sich um eine Existenz, die nicht darauf hoffen lässt, dass sich sobald etwas ändern kann. Trotzdem wird dieser Hund täglich darauf warten, dass er losgelassen wird von dieser Kette. Egal wie lange er da liegt. Egal was er ertragen muss. Er wird bestimmt versuchen auf sich aufmerksam zu machen. Er wird vielleicht versuchen, sich zu befreien. Trotzdem wird er auf diesen Menschen warten, der ihn erlöst von dieser Kette.

Wie ich finde, ist die Kette ein Symbol der Bindung, die keinem Lebewesen guttut.

Darum bitte ich euch: Seid der Mensch, der erlöst! Helft jenen Menschen und Tieren, die an Ketten hängen und darauf warten, befreit zu werden. Seht hin, fühlt, was zu tun ist! Ergänzt euch! Unterstützt euch! Helft zusammen! Gemeinsam seid ihr stark!

Die Welt befindet sich im Wandel. Strukturen, die geprägt sind von Korruption, Macht und Geldgier werden ein Ende finden.

Immer mehr Menschen sehen hin. Sie fühlen, was zu tun ist. Sie helfen zusammen. Ich finde, es ist eine einzigartige Chance, Dinge und Begebenheiten zu ändern. Die bahnbrechende Chance, eure Existenz auf Gaia zu verändern. Beteiligt euch, wenn ihr euch angesprochen fühlt! Habt keine Angst vor den Veränderungen! Habt keine Angst um euch!

Die Wirtschaft und die Aspekte, die damit zusammenhängen, werden viele Menschen/Seelen dazu zwingen, in andere Richtungen zu denken. Mag es der Konkurs, der Verlust des Geldes, die Arbeitslosigkeit, eine Krankheit und die damit verbundenen Einschnitte oder einfach nur das andere Denken sein. Ihr werdet etwas verändern! Verändern heißt aber auch in eine andere Richtung zu denken und zu gehen. Veränderung kann jedoch ebenso bedeuten, dass eure Ängste dazu führen, euch im ersten Moment steif und bewegungslos zu fühlen. Eure Ängste können aber auch dazu führen, die Ursache des Übels in erster Linie in eurem Außen zu suchen. Aber bedenkt bitte, es soll immer, und ich sage ausschließlich immer, der Impuls zur Veränderung sein. Die Änderung in euch selbst, aber auch in eurem Außen. Wie ihr handelt, ob ihr gebt oder nur nehmt. All das sind Aktionen, die ihr ändern könnt. Seid euch bewusst, es ist alles möglich, wenn ihr nur wollt!

Ihr steht vor sehr großen Veränderungen! Geld, ein Zahlungsmittel, das seit vielen Jahren wirtschaftliche Aspekte wie den Handel, Kauf und Verkauf zulässt, ist eine Möglichkeit, die nicht nur Freude, sondern auch jede Menge Probleme mit sich bringt. Habt ihr das schon einmal bedacht? Probleme, die sich auf unterschiedliche Weise zeigen, und da rede ich nicht von euren Kontoständen, die letztendlich nur eine Bilanz eurer Wünsche und Bedürfnisse sind. Nein, ich spreche von etwas ganz anderem! Zwängen, denen ihr euch aussetzt, die letztlich euer ganzes Leben beeinflussen! Lasst uns einmal sehen, wie dieses Geld entstand.

Geld ist seit vielen Jahrhunderten ein Zahlungsmittel, das auf unterschiedliche Art und Weise in der Bevölkerung zur Geltung kam. Begonnen hat dieses System eigentlich mit Tauschgeschäften. Irgendwann hat ein sehr kluger, aber auch sehr ichbezogener Mensch damit begonnen, das, was er zu bieten hatte, nicht mehr weiterzugeben. Er bemerkte, dass sein Produkt, in diesem Fall Gemüse, regen Absatz fand. Nur war er nicht mehr damit zufrieden, es „herzuschenken".

Schenken bedeutet, was zu geben, ohne etwas zurückzubekommen.
„Bekommen" im herkömmlichen Sinn eine Gegenleistung, die er, wie er fand, daher erwarten könne.

Nur hatte ihm das, in diesem Fall, nicht mehr ausgereicht. Er begann damit, aus Ton sogenannte Wertetaler zu prägen. Der Wertetaler, eine ursprüngliche Form eures Geldes, war sehr einfach konzipiert. Er versah diesen Wertetaler mit einer persönlichen Prägung, die sicherstellen sollte, dass seine Taler mit ihm in Verbindung gebracht wurden.

Gehen wir nun einen Schritt weiter:
Jetzt kamen diese Wertetaler unter die Leute. Die Menschen erkannten schnell, dass man mit dieser Form von Wert auch andere Dinge erstehen konnte. Und so nahm alles seinen Lauf. Die Kelten und Römer waren sehr begabt in der Herstellung dieser „Münzen". Um den Wert noch eindeutiger zu definieren, begann man irgendwann damit, die Münzen in Gold und Silber herzustellen. Damit unterschieden sie sich deutlicher in ihrem Wert. Man erstand für Gold- und Silbermünzen mehr! Warum auch immer das so war? Menschen, die etwas kaufen wollten, bekamen dafür mehr, wenn sie mit Gold- oder Silbermünzen zahlten. Zu dieser Zeit begann die Unterscheidung von Reich und Arm.

Natürlich gab es diese Unterscheidung von „Was und wer bin ich?" schon etwas länger, trotzdem kam es mit der Entstehung dieses Wertesystems auch zu einer neuen Einteilung der Wertigkeit eines Menschen.

Das Zweiklassensystem ist ein Prinzip, das in diesem Rahmen seinen Ursprung findet.

Nun lasst uns fortfahren! Das Tauschgeschäft im herkömmlichen Sinn, welches bis zu diesem Moment noch rege stattfand, verlor aufgrund des Wertetalers allmählich an Bedeutung. Plötzlich hattet ihr nicht mehr das Gefühl, für euer Tauschprodukt etwas Ebenbürtiges zu erhalten. Das Produkt, welches der Mensch erzeugte, war plötzlich nichts mehr wert, wenn ihr nicht eine Münze dafür entgegenhalten konntet. Bedenkt bitte, dass dies eine vereinfachte Erklärung zu der Entwicklung eures Wirtschaftssystems ist.

Die Arbeit, eine weitere Möglichkeit der Geldbeschaffung. Plötzlich gab es Menschen die bereit dazu waren, Münzen dafür zu geben, wenn man ihnen zu Diensten war. Zu Diensten sein, in eurem heutigen Dasein zu arbeiten, war bis zu dieser Zeit nicht üblich.
Nun betrachten wir uns den Menschen zur damaligen Zeit. Wir sprechen davon, dass es im Laufe dieser Entwicklung zu einer Abhebung verschiedener Talente kam. Menschen, die etwas Besonderes zu bieten hatten, handwerklich begabt waren, eine besondere Form der Hilfe leisten konnten, erwarben sich damit ihr Ansehen. Zu dieser Zeit gab es aber auch Menschen, die mit nichts dergleichen aufwarten konnten. Die vielleicht die Fähigkeit hatten, ihr alltägliches Leben zu bestreiten, aber nicht die Möglichkeit, sei es aus einem reduzierten Intellekt oder fehlenden Interesse, etwas Besonderes, Spezielles anzubieten.

Damals entstanden die verschiedenen Formen der Berufe. Allerdings auch die Sklaverei! Diejenigen, welche die Möglichkeit hatten, etwas aus sich zu machen, ihre besonderen Fähigkeiten in Umlauf zu bringen, das heißt etwas anzubieten, was zu dieser Zeit benötigt wurde, waren auf eine gewisse Art „abgesichert". Damals entstand der Begriff „Existenzsicherung". Ein Begriff, der auch heute noch mit einem regelmäßigen Einkommen in Verbindung gebracht wird. Vorausgesetzt, ihr geht einer regelmäßigen Arbeit nach.

Betrachten wir nun die Menschen, die keinerlei Möglichkeiten hatten, ihre „Existenz" zu sichern. Die relativ schnell feststellten, dass sie einem System ausgesetzt waren, das in ihnen das Gefühl der Machtlosigkeit hervorrief. Arbeiten, zu Diensten sein, Tagelöhner – alles Begriffe, die in dieser Zeit entstanden. Bedenkt bitte immer, dass es sich von der Sklaverei, die in eurem Sinn mit dem Besitz von Menschen in Zusammenhang gebracht wird, in keinster Weise unterscheidet!

Der einzige Unterschied ist, dass es auf gewisse Art freiwillig geschieht, aber dennoch mit einem Zwang behaftet ist. Schließlich bekommt ihr nur Lohn, wenn ihr auch etwas dafür leistet. Das heißt, tagein, tagaus einer Verrichtung nachzugehen, die idealerweise eurem Interesse entspricht. Aber das ist leider nicht immer so. Gehen wir davon aus, dass dieser Beruf nicht eurem Interesse entspricht. Ihr werdet schnell bemerken, dass ihr einer Tätigkeit nachgeht, die euch weder Freude bereitet noch ein Gefühl hervorruft, entsprechend dafür entlohnt zu werden. Bedenkt bitte immer das Gesetz der Resonanz! Eine Tätigkeit, die euch nicht viel wert ist, wird auch demjenigen, der dafür bezahlen soll, nicht viel wert sein. Merkt ihr etwas?

Lasst uns nun den Begriff „Beruf" betrachten.
Eine Zusammensetzung von „Be", abgekürzt von „Bei", und
„Ruf", wie gerufen werden.
Dem Ruf zu folgen ist auch ein Prinzip, das aus dem Gesetz
der Resonanz geschieht.

Ihr fühlt euch berufen! Eure Eigenschaften, Vorlieben, all das, was ihr mitbringt an Erfahrungen, Talenten und die Möglichkeit der Umsetzung. Diese Eigenschaften setzen sich zusammen zu einer Möglichkeit, eurer Berufung nachzugehen. Das Gefühl zu haben, tief in eurem Inneren zu wissen, was ihr könnt, was ihr wollt und wie ihr es umsetzen möchtet.

Ein Ruf, den sehr viele von euch nicht mehr hören, da sie sich bei der Auswahl ihrer Berufe ablenken ließen. Und warum? Weil es heute zu euren Angewohnheiten gehört, daran zu arbeiten, und das beginnt schon in der Schule, so viel wie möglich zu erreichen. Druck, den ihr euch auferlegt, der leider schon viel zu früh anfängt. Druck der eines Tages dazu führt, vorausgesetzt ihr habt Durchhaltevermögen (was für mich einer Läuterung gleichkommt), dass ihr eines Tages studieren könnt. Einer Tätigkeit nachgehen könnt, die in eurem System sehr viel Wert hat und dementsprechend entlohnt wird. Ja, das ist euer Antrieb, bei der Auswahl eurer Berufe. So weit und so hoch wie möglich zu kommen, das ist euer Ansinnen.

Betrachten wir uns nun die Leiter der Karriere. Karriere zu machen heißt, in dieser Welle der ständigen Anforderungen, der Erwartungen eures Außen Arbeiten zu erledigen, die nicht immer eurem Sinn und Wunsch entsprechen. Aber ihr werdet diese Arbeit tun, schon allein deswegen, um in diesem Strom des Erfolges mitschwimmen zu können. Mitzuschwimmen heißt, ein Ansehen zu haben, was in eurer heutigen Zeit sehr viel mit Geld und Besitz zu tun hat. Bedenkt bitte immer, der Mensch bleibt ein Mensch! Mit all seinen Talenten und Fähigkeiten, guten und schlechten Seiten.

Das Geld als Zahlungsmittel und wirtschaftlicher Faktor hatte nach unserer Meinung bis zu einem gewissen Zeitpunkt durchaus seine Berechtigung. Mit diesem Geld haben sehr viele Menschen, eingebunden in ihren Lebensthemen, lernen müssen, dass alles seine Grenzen hat. Grenzen, die ihr einhalten werdet, wenn ihr eurem Gewissen, welches grundsätzlich mit der Eigenschaft „Ehrlichkeit" verbunden ist, Beachtung schenkt.

Beachtung, betrachten wir dieses Wort.
Wie ihr bereits wisst, verbinden wir „Be" mit dem Ausdruck
„Bei". „Bei dir zu sein!" heißt, auf deine Bedürfnisse zu
hören. Diese zu fühlen, in eine Art Zwiegespräch mit dir zu
gehen. Was du dir erhoffst und wünschst. Eine besondere
Art, in dich hineinzuhören. Mit dir selbst zu sein, all das
kann dieses „Bei" bedeuten.

Nun betrachten wir das Wort „Achtung". Eine Art Wertigkeit geht mit diesem Wort einher. Achtung kann aber auch aus dem Bereich „Angst" oder „Habe acht!" kommen.

Habe acht! Eine Warnung für etwas, das passieren kann. Dieser Ausdruck befindet sich sehr oft in eurem Wortschatz, in euren Gedanken, in eurem Tun. Nun gehen wir von der positiven Variante aus. Achtung zu haben vor dem Menschen, der Natur, der Sache usw. Etwas oder jemanden mit einer gewissen Vorsicht, Sensibilität und vor allem mit sehr viel Liebe zu behandeln, mit ihm gut umzugehen. Das ist die Achtung in unserem Sinn. Eine Art der Wertschätzung, mit der ihr denken, fühlen und handeln solltet.

Kommen wir nun zu einem Beispiel:
Ein Mann sucht eine Arbeit. Er ist schon etwas länger daheim. Eine Krankheit hatte ihn vor geraumer Zeit aus dem Gleichgewicht gebracht. Das Gleichgewicht, mit dem er einst zuversichtlich gestimmt, durch dessen Fehlen aber mittlerweile sehr ängstlich geworden war. Jenes Gleichgewicht, das ihn einst vertrauenswürdig sein, doch mittlerweile durch diesen Verlust sehr misstrauisch werden ließ. Sein Körper, der diese Energien zum Teil selbst erzeugte, aber auch von außen immer wieder in eine Art Kreuzfeuer gebracht wurde.

Betrachten wir uns nun diesen Arbeitsplatz. Ein Arbeitsplatz, der in einem gewissen Rahmen dafür sorgte, dass regelmäßig Geld auf dem Konto war. Ein Arbeitsplatz, der die Möglichkeit bot, dass er einer regelmäßigen Tätigkeit nachgehen konnte. Ich möchte nicht behaupten, dass er sonderlich viel Freude daran hatte. Schließlich hatte er einst diesen Beruf ergriffen, um irgendwann in der Lage zu sein, sich selbst und vielleicht auch eines Tages eine Familie zu versorgen.

Den Spaß daran zu haben, eigenes Geld mit nach Hause zu bringen. Von niemandem mehr abhängig zu sein. Ja, deswegen erlernt ihr einen Beruf! Unabhängig zu sein, von euren Eltern, den Freunden und den Ämtern usw.

Nun bleiben wir bei diesem Mann. Mal angenommen, er hatte einmal einen Traum. Er träumte als Junge davon, später, wenn er die schulischen Anforderungen geschafft hatte, etwas umzusetzen, das seiner Veranlagung entsprach. Diesen gewissen Ruf zu spüren, der darauf hoffen ließ, eines Tages etwas umzusetzen, das er bereits vor langer Zeit tief in sich wahrgenommen hatte. Gehen wir davon aus, es handelt sich dabei um die Bearbeitung von Holz. Nun spreche ich nicht von der herkömmlichen Bearbeitung dieses Rohstoffes, so, wie es ein Schreiner oder Tischler tun würde. Nein, ich spreche von einer künstlerischen Arbeit. Das Formen von Figuren, Skulpturen und dergleichen. Ein Beruf, der sich sicherlich von den üblichen Berufswünschen abhebt. Ein Beruf, der mit einem gewissen Risiko verbunden sein würde. So sah es auch sein Vater. Als der Junge bei der Berufswahl von seinen Wünschen und den Vorstellungen, die damit verbunden waren, sprach, hatte er das Gefühl, dass sein Vater ihm gar nicht zuhörte. Ein Künstler zu sein, was für ein Gedanke! Für den Jungen verbunden mit Glück und Zufriedenheit. Der Vater allerdings, einst groß geworden unter schwierigen Umständen, hatte die Erfahrung gemacht, dass nur ein vernünftiger Beruf dafür sorgen konnte, Lohn und Brot zu erhalten. Einfach undenkbar! Sehr wohl hörte er den Wunsch seines Sohnes, wiegelte diesen jedoch als nicht umsetzbar ab. Er wünschte sich, dass er einen Beruf wählte, der Erträge bringt. Er dachte darüber nach, wie es mit seinen Sohn weitergehen sollte. Ohne sich Gedanken darüber zu machen, was sein Kind wirklich wollte. So geht es vielen von euch!

Nun gehen wir davon aus, der Vater arrangiert einen Ausbildungsplatz. Gute Kontakte, wie er meint, machen es möglich. Er sorgt dafür, dass dieser Junge, welch ein Glück, gleich nach der Schule lückenlos weitermachen kann. Eine Ausbildung zu beginnen!

Der Junge fügt sich, was bleibt ihm anderes übrig! Zum einen wusste er, dass sein Berufswunsch deutlich von den üblichen Vorstellungen abhob, zum anderen wollte er aber auf keinen Fall anders sein als die „Anderen". Also findet er sich damit ab, dass er fortan in einem Büro sitzen wird. Marketing, ein Begriff, der in eurer heutigen Zeit sehr wichtig ist. Produkte, so gut und so schnell wie möglich an den Mann oder die Frau zu bringen. Produkte, von denen man teilweise gar nicht weiß, für was sie gut sein sollen. Hauptsache, die Zahlen stimmen!

Gehen wir davon aus, dass dieser besagte Junge mittlerweile erfolgreich in dieser Branche in einer Firma sitzt, die, wie es heutzutage üblich ist, immer wieder von einem Führungswechsel geprägt ist. Die Chefs kommen und gehen. Meist sind sie nur so kurz da, dass ihnen noch nicht einmal die Zeit bleibt, ihre Mitarbeiter kennenzulernen. Persönliche Kontakte aufzubauen. Es geht bei dieser Art der Arbeit meist nur darum, dass die Zahlen stimmen. Bilanzen, die verraten, ob die Mitarbeiter engagiert ihrer Arbeit nachgehen. Um diese Zahlen zu steigern, setzt man Verkaufsprämien an. Eine Prämie, die dafür sorgen soll, so viel Umsatz wie möglich zu machen. Da wir ja beim Thema Geld sind, wisst ihr, was jetzt kommt.

Prämien, ich sage Fangprämien dazu.
Nicht um Kunden zu ködern, nein, auch Mitarbeiter
verfangen sich in diesem Netz.
Das Netz, in dem Selbstbestimmung, die Achtung
füreinander und die Beachtung von Wünschen und
Bedürfnissen keine Rolle mehr spielen.
Das Netz, in dem die speziellen Fähigkeiten eines Menschen
keinen Wert zu haben scheinen. Und da wundert ihr euch
darüber, dass ihr krank werdet?

Gehen wir zurück zu diesem Mann, der immer noch davon träumt, künstlerisch seine Visionen umzusetzen. Die Möglichkeit zu bekommen, kreativ mit seinen Händen zu arbeiten. Ideen, die er im Kopf hat, weiterzuverarbeiten. Ja, all das bewegt diesen Mann in seinem Innersten. Eines Tages beginnt ihm sein Rücken wehzutun. Jeden Tag immer wieder der gleiche Schmerz, der sich allmählich in seinem ganzen Körper ausbreitet. Dann kommen auf einmal rätselhafte Infekte dazu. Bei jeder Grippe, bei jeder Viruserkrankung ist er der Erste, der im Bett liegt. Dazu kommen diese quälenden Gedanken wie z. B. „Schaffe ich das alles noch?" oder „Wie bestehe ich diesen Tag?", begleitet von dem dringenden Wunsch, am liebsten gar nicht mehr aufzustehen.

Und schon war er in dem Rad der Hoffnungslosigkeit. Es wurde ihm bewusst, dass er so seinen Wunsch, der tief in seinem Herzen schlummerte, niemals umsetzen konnte.

Eines Tages kam dieser Mann einfach nicht mehr in die Firma. Es folgten Krankmeldungen, die in Fortsetzung kamen. Bis zu jenem Tag, als die Firma einen Brief schrieb. Die Zeilen dieses Briefes berichteten davon, dass er in Zukunft nicht mehr zu kommen brauchte.

*Entlassung, so wird es bei euch genannt! Entlassung,
betrachten wir dieses Wort. „Ent" eine Kurzform von Ende.
„Lassen" eine Bedeutung von loslassen, gehen lassen und
dergleichen.*

Nun kann er also tun und lassen, was er will! Ein Ereignis, das
in eurer heutigen Zeit einer Katastrophe gleichkommt. Entlassen ist in eurem Sinn gleichzusetzen mit „Sie wollen mich nicht
mehr!" oder „Ich bin nichts mehr wert!". Ja, so denken viele von
euch. Habt ihr darüber schon mal nachgedacht? Es gibt jetzt
zwei Möglichkeiten, worüber ihr nachdenken solltet.

Die eine wäre – nun kann dieser Mann endlich seine Wünsche umsetzen. Diese Tätigkeit, die ihm sowieso keinen Spaß
gemacht hatte, zu beenden. Auch wenn es von jemand anderem entschieden wurde. Trotz allem, er ist entlassen! Sein
Ende in dieser Firma, aber ihn auch gehen lassen in eine neue
Tätigkeit!

Viele Möglichkeiten eröffnen sich durch dieses Denken, wenn
da nicht die Existenzangst wäre. In diesem Fall lässt euch eure
Existenzangst unwillkürlich in die erstbeste Tätigkeit gehen, die
euch angeboten wird. Oder soll ich sagen – erstschlechteste! Ohne
dass ihr darüber nachdenken werdet, ob sie euren Wünschen
entspricht. So kommt ihr erneut in einen sehr unbefriedigenden
Kreislauf. Bedenkt bitte immer, diese Tür, die sich wie in diesem
Fall für euch öffnet, wäre die Chance zur Selbstverwirklichung!

Ein Skeptiker, der vor der Wahl stünde, würde jetzt sagen: „Ich
habe nicht die Voraussetzungen dafür, Künstler zu werden.
Ich hätte Kunstschulen besuchen müssen! Man muss Zeugnisse vorweisen!"

Das wären Voraussetzungen, die beurkunden, dass ihr etwas
erlernt habt. Was haltet ihr von dem Gedanken, wenn ich euch
sage, dass ihr diese Fähigkeit bereits mitgebracht habt. Schnitzen, Stanzen, Fertigkeiten mit Holz und all das, was dazugehört,

um kreativ sein zu können. Was wäre, wenn ihr diese Ausbildung bereits genossen habt, diese Fertigkeiten schon in euch schlummern? Würdet ihr das glauben?

Versucht es! Jeder von euch hat „sein" Berufsbild. Jeder von euch ist zu etwas berufen. Denkt immer daran! Haltet Ausschau nach den Dingen in euren Leben, die euch glücklich machen.

Beruf, ein Wort, das eigentlich von Berufung abgeleitet ist. „Be", wie wir bereits wissen, kommt von „Bei". Ruf, der Ruf nach dem, was in euch steckt.

Dieses in euch angelegte Samenkorn, das letztendlich auskeimen will, um irgendwann zu einem schönen Baum heranzuwachsen. Denkt darüber nach, jeder von euch hat dieses Samenkorn in sich. Jeder kann seine Wünsche, sein Verlangen, all die Dinge, die ihn glücklich machen, umsetzen. Denkt immer daran, ihr könnt einfach alles!

Nun sehen wir uns noch einmal diesen Mann an. Mit seinen ganzen Fähigkeiten, die er während seiner Besuche auf eurer Ebene erworben hat. Er hat etliche Male als Schreiner gearbeitet, Schmied zu sein war eines seiner Hauptberufe. Das Formen von Metall – für ihn ein Kinderspiel! Fähigkeiten, die er einst erlernt, vervollständigen und üben konnte. Bedenkt bitte immer, jede dieser Erfahrungen, die ihr jemals in euren zahlreichen Leben gemacht habt, all die Talente, die ihr euch irgendwann erworben habt, schlummern in euch. Es ist nichts verloren, nichts von alledem!

Als der Mann, der mittlerweile von vielfältigen Leiden geplagt war, über sich nachdachte, erkannte er, dass er eigentlich gar nicht mehr in dieser Form arbeiten wollte. Sein eigener Herr zu sein, niemandem mehr Rechenschaft über bestimmte Zahlen und Ergebnisse abzugeben. Niemandem mehr erklären zu müssen, warum dieser Kunde nicht den erwünschten Abschluss getätigt hat. Ständig irgendwelche Auflagen zu erfüllen, etwas, das ihm Kopfschmerzen bereitet hatte. Täglich für sich selbst immer wieder Ausreden zu finden, dass alles eigentlich gar nicht so schwer ist.

Ausreden – sich auszureden bedeutet, sich etwas einzureden, was nicht eurem Sinn entspricht. Habt ihr schon einmal darüber nachgedacht? Euch täglich einzureden, dass alles gut ist und es eines Tages besser wird. Das ist das, was ihr täglich tut.

Ändert euer Leben, wenn ihr bemerkt, dass ihr nicht mehr im Gleichgewicht seid. Ändert euer Leben, wenn ihr spürt, dass euer Körper euch Schmerzen bereitet. Ändert euer Tun, wenn ihr merkt, dass nichts mehr „läuft".

Ja, darüber hat er nachgedacht, dieser Mann. Er begann damit, Voraussetzungen dafür zu schaffen, dass er seine Wünsche umsetzen konnte. Als Erstes verkaufte er sein Haus. Es war mittlerweile zu groß geworden, die Kinder aus dem Haus. Das Pflegen des Gartens bereitete ihm schon seit einiger Zeit viel Mühe. In der Zeit, die er dafür aufwendete, den Rasen seines großen Grundstücks zu mähen, könnte er auch seinem Wunsch nach Ruhe nachkommen. Das würde bedeuten, einfach nur dazusitzen und in den Himmel zu schauen. Ja, das wünschte er sich.

Als Nächstes begann er darüber nachzudenken, wie er sein Leben in Zukunft gestalten wollte. Er mietete sich einen Lagerraum, der genügend Licht und einen Ofen für den Winter bot. Auch ein kleines Waschbecken war da, so konnte er regelmäßig etwas trinken und sich nach getaner Arbeit die Hände waschen. Werkzeuge, eine seiner nächsten Anschaffungen. Werkzeug, mit dem er Holz bearbeiten konnte. Kleine Holzstücke, große Holzstücke. Alles, was dazugehörte. Einen Tisch, einen Stuhl, einen Holzblock. Und so wuchs sie täglich, diese „Werkstatt". Jeden Tag, wenn er in seine Werkstatt ging, bemerkte er, dass er schon allein bei diesem Gedanken, früh am Morgen, unruhig wurde. Freudig unruhig! Er konnte es nicht erwarten, endlich dort zu sein. Anfangs frühstückte er noch, bevor er zur Arbeit ging. Schließlich konnte er nicht mit leerem Magen aus dem Haus gehen! Eines Tages erkannte er jedoch, dass alles, was er essen wollte, nur von einem Gedanken geprägt war. Die Arbeit mit Holz! Es dauerte nicht lange, bis er eine schöne Ansammlung von Figuren, Bildern und Skulpturen vorweisen konnte. Stolz und hochzufrieden ging er jeden Abend, bevor er seine Werkstatt verließ, an seinen Werken vorbei. Ohne nur einmal den Gedanken daran zu verschwenden, dass seine Kunst eventuell keiner kaufen würde. Nein, selbst wenn er vielleicht froh über etwas Geld gewesen wäre, so war es mit einem Mal gar nicht mehr so wichtig, ob er etwas verdiente oder nicht. Er konnte noch auf seine Ersparnisse zurückgreifen. Ersparnisse aus dem Verkauf des Hauses. Einst von dem Geld erstanden, das er mit sehr viel Mühe verdiente. Dieses Geld, das, wie er heute wusste, nicht dafür sorgen konnte, dass er glücklich war. Schließlich konnte er bis zu diesem Zeitpunkt nie das tun, was er wirklich wollte. Glücklich zu sein, mit dem Beruf seiner Wahl.

Wie er so darüber nachdachte, huschte ihm ein Lächeln über sein Gesicht. Das erste Mal bemerkte er, wie glücklich er mittlerweile war. Rundum glücklich. Sein Rücken schmerzte schon lange nicht mehr. Obwohl er den ganzen Tag sehr oft übergebeugt an seinen Werken arbeitete, so ging es seinem Rücken gut. Sein Immunsystem hatte sich ebenso stabilisiert. Seine letzte Erkältung lag schon lange Zeit zurück. Sein einst schlechter Schlaf hatte sich in einen erholsamen Schlaf verwandelt. Seine neu gewonnene Kraft sorgte dafür, dass zu schlafen für ihn einer Zeitverschwendung gleichkam.

All das kann auch euch passieren! Bedenkt bitte immer, jeder von euch trägt dieses Samenkorn in sich. Jeder spürt seine Berufung. Jeder hat Vorlieben, die er leben könnte und sollte. Bedenkt dies bitte, es ist wichtig!

Eines Tages, es war ein Tag wie jeder andere, klopfte es an die Tür der Werkstatt. Ein zurückhaltendes Klopfen, eigentlich fast nicht hörbar. Trotzdem wurde dieser Mann, unser Künstler, darauf aufmerksam. Er öffnete die Tür, und vor ihm stand eine völlig aufgelöste Frau. Sie berichtete davon, dass ihr Auto einfach nicht mehr anspringen wollte. Sie war auf dem Weg in die Stadt, da sie einen wichtigen Geschäftstermin hatte, aber dieser Wagen sprang nicht an. Auf der Suche nach Hilfe war sie auf dieses Gebäude aufmerksam geworden. Ein Gebäude, das in ihren Augen einer Autowerkstatt ziemlich gleichkam. Natürlich bemerkte sie anhand der Einrichtung sofort, dass es sich hier um eine andere Art von Werkstatt handeln musste. Plötzlich hielt sie inne. Ihr Blick führte sie seitlich an dem Mann vorbei, der ihr vor ein paar Sekunden die Tür geöffnet hatte.

Der Mann bemerkte ihren Blick und drehte sich ein Stück zur Seite, sodass dieser Blick auf eine seiner Statuen möglich wurde. Feinsäuberlich verarbeitet, teilweise geschnitzt, man fühlte förmlich, mit wie viel Liebe sie angefertigt war. Sie konnte ihren Blick nicht von dieser wundervollen Arbeit lassen und bat den Mann darum, eintreten zu dürfen. Etwas irritiert machte der Mann den Weg frei. Langsam ging die Frau zu dieser Statue und blieb völlig erstarrt vor ihr stehen. Sie traute ihren Augen nicht! Diese Statue glich einer Vision, die sie von Zeit zu Zeit immer wieder einmal hatte. Ein Bild ihrer verstorbenen Mutter, nach der sie sich so sehr sehnte. Es glich jenem Bild, das ihr einst von ihrem Vater gezeigt wurde. Das Bild, das sie sich bis ins kleinste Detail eingeprägt hatte. Da stand sie nun. Diese Statue, die ihrer Mutter bis ins Detail glich. Einfach wunderbar! Ohne zu zögern, fragte sie den Mann, ob die Statue zu verkaufen wäre. Sie erzählte ihm, dass ihre Mutter bei ihrer Geburt gestorben war. Ein Tod, den sie sich zum Teil selbst zuschrieb. Die Ursache dafür zu sein, dass ihre Mutter starb. Die Vorstellung darüber ließ ihr viele Jahre keine Ruhe. Die Vorstellung, wie es gewesen wäre, wenn ihre Mutter sie hätte in den Armen halten und aufwachsen sehen können. All das bewegte sie seit vielen Jahren.

Visionen, die sie von ihrer Mutter hatte, tat sie sehr lange Zeit als Hirngespinst ab. War es möglich, seine verstorbene Mutter im Traum zu sehen? Sie vertraute diesen Träumen nicht. Sie sprach mit niemandem darüber. Trotzdem war sie da, die Vision, die von Zeit zu Zeit immer wieder einmal präsent war. Nun stand sie vor einer Statue, die das Ebenbild ihrer Mutter zu sein schien. Einfach unmöglich! Sicherlich, sie würde jeden Preis zahlen, für das Abbild ihrer Mutter!

Überglücklich verließ sie die Werkstatt, nachdem ihr der Mann versichern musste, diese wundervolle Arbeit an sie zu verkaufen.

Ein einfaches Beispiel von Fügung. Fügung, die vielleicht ihre Zeit braucht, aber letztendlich immer ihren Sinn erfüllt!

Der Mann konnte es kaum glauben. Er hatte keine Werbung für sich gemacht. Schließlich arbeitete er nur für sich, so glaubte er. Trotzdem war es der Beginn einer Geschichte, die schlussendlich dazu führte, dass er eines Tages sehr erfolgreich wurde. Ein „Name" in der Kunstszene! Wer hätte das gedacht!

Und so gibt es viele Beispiele, die eurem Weg der Bestimmung gleichkommen. Eine Bestimmung, die letztendlich immer euer Weg war und sein wird. Berufung, der Ruf, das zu tun, was euch glücklich macht. Dieser Weg – folgt ihm! Es ist wichtig! HÖRT IN EUCH HINEIN! Jeder von euch hat seinen Weg – ich behaupte einfach: JEDER!

Die Wirtschaft, wie sie jetzt besteht, wird es schon bald nicht mehr geben. Viele werden mit dem Untergang des Finanzsystems den Ruf ihrer Herzen und den ihrer inneren Stimme hören. Die Stimme, die euch sagen wird, in was für eine Richtung es für euch gehen kann.

Seid sensibilisiert, nehmt das Leben nicht so schwer. Wenn euch der Ruf eurer Seele erreicht, haltet ihr die Hand. Folgt diesem Aufruf, der dafür sorgen soll, dass ihr erwacht!

Übt euch in Zuversicht

Die Zuversicht ist, wenn man es in einer gewissen Gesamtbetrachtung sieht, ein Begriff, der aus der Gruppe des Sehens kommt. Für das Sehen sind unter anderem eure Augen die Voraussetzung. Wir hatten uns diesem Begriff bereits zugewendet und setzen voraus, dass jeder, der Augen hat, sehen kann. Leider ist das nicht immer der Fall.

Denken wir an den Blinden, der zwar über die Veranlagung und die Möglichkeit eines oder zweier Augen verfügt, trotzdem seine Umwelt auf eine andere Art und Weise wahrnehmen muss. Wahrnehmen, auch ein Begriff, dem wir uns bereits zugewandt haben. Bleiben wir bei diesem blinden Menschen.

Es kommt natürlich darauf an, aus welchen Gründen er sein Augenlicht verloren oder vielleicht sogar nie besessen hat. Wenn wir diese unterschiedlichen „Blinden" befragen würden, wären die Antworten völlig unterschiedlich. Der Blinde, der bereits so geboren wurde und nie das Licht erblickt hat, wird vielleicht antworten: „Ich habe alles, was ich brauche! Ich rieche, ich schmecke, ich höre, ich fühle." Sinne, die aufgrund der Blindheit besonders sensibilisiert sind. Ich sage nicht besser, aber auch nicht schlechter als bei einem „Sehenden".

Nun fragen wir einen Menschen, der aufgrund eines Unfalls oder einer schweren Erkrankung sein Augenlicht verloren hat. Ein Ereignis, in dem er lernen musste, mit seinen anderen Sinnen wahrzunehmen. Sinne, die er bis zu diesem Zeitpunkt gar nicht bewusst wahrgenommen hatte. Seine individuellen Antennen, die nur zur Hälfte aktiviert waren. Er wird vielleicht sagen: „Ich vermisse die Sonne, wie sie mir ins Gesicht scheint, eine Sonne, die an einem blauen Himmel steht, eine Sonne, die grünes Gras zum Wachsen bringt, eine Sonne, die bunte Blumen erblühen lässt." Ja, das würde er vermissen. Doch ist er sich nicht immer bewusst darüber, dass diese Sonne täglich scheint. Sie geht jeden Morgen auf und jeden Abend wieder unter. Sie bringt Wärme und Freude in unser Leben. Egal, ob wir sie sehen oder nicht. Egal ob wir den Himmel blau wahrnehmen oder nicht. Eure Sinne, wie das Hören, Fühlen, Schmecken, sind Sinne, die sehr viel mehr zu bieten haben als ein Bild. Ein Bild ist etwas Starres, Unbewegliches. Auch wenn es farbig sein mag, so ist es trotzdem unbeweglich.

Denkt bitte immer daran, ihr habt so viele Sinne, mit denen ihr wahrnehmt. Es gibt Menschen, die alle Voraussetzungen „zu sehen" haben und trotzdem nichts sehen. Ist euch das eigentlich bewusst?

Nutzt eure Fähigkeiten, die nicht nur von euren Sinnesorganen abhängig sind.

Seid feinfühlig! Eine Fähigkeit, die euch manchmal mehr wahrnehmen lässt, als ihr mit einem Auge jemals sehen würdet.

Ein weiterer Aspekt in puncto Sehen ist: Wie seht ihr? Wie kommt Sehen zustande? Ich meine nicht das Sehen mit euren Augen. Ich meine nicht die räumlichen Eindrücke und auch nicht die Begebenheiten, die ihr beobachtet. Menschen sehen Bilder – sie nehmen verschiedene Dinge wahr. Wahrnehmung, wie ihr wisst, kann auf unterschiedliche Art und Weise zustande kommen.

Nehmen wir dazu ein einfaches Beispiel:
Ihr steht auf einem Spielplatz und beobachtet euer Kind beim Spielen. Ihr habt es warm eingepackt, denn es ist kalt an diesem Tag. Ihr seid also eine kleine Wegstrecke von eurem Zuhause mit dem Kinderwagen gelaufen, habt Ampeln überquert. Letztendlich kommt ihr auf diesem Spielplatz an. Euer erster Eindruck ist, dass er sehr einfach gestaltet ist. Ein Klettergerüst mit einer

Rutsche, ein Sandkasten, ein Trampolin, das mit einem Netz umzäunt ist. Spielplätze, ein Bild, das sich in unterschiedlichen Städten immer wiederholt.

Ihr kommt also an und befreit euer Kind aus diesem Kinderwagen. Es ist schon ganz ungeduldig, weil es auf diesen Spielplatz will. Es hat den ganzen Nachmittag gequengelt, bis ihr mit ihm losmarschiert seid, um euch ein wenig Entlastung und dem Kind die Möglichkeit der freien Bewegung zu ermöglichen.

Natürlich läuft es völlig angstfrei los, und wie es meist so ist, natürlich direkt auf diese Rutsche zu. Es scheint, als könne es niemand davon abhalten. Es nimmt weder die hohen Stufen wahr, die es zu überwinden hat, noch die Regennässe, die dafür sorgt, dass diese Stufen sehr rutschig sind. Wisst ihr, was ich damit sagen will?

Einfach loszurennen wie ein Kind, unbedarft, ohne Angst, einfach das zu tun, wonach ihr euch in diesem Moment sehnt. Das Wahrnehmen eurer Wünsche, das ist etwas, was ihr täglich tun solltet. Habt keine Angst, dass diese „Treppen" rutschig sein könnten. Habt keine Angst, dass ihr dafür eine gewisse Höhe überwinden müsstet. Und wisst ihr, was euch von diesem Kind unterscheidet? Die unumstößliche Zuversicht und das Vertrauen, dass was es in diesem Moment umsetzen möchte, möglich sein wird.

Nun beobachtet euch, wie ihr da so steht und zuseht, wie euer Kind im eiligen Tempo auf diese Rutsche zuläuft. Es gibt keinen Grund, der es von seinem Vorhaben abhalten könnte. Nichts kann es in diesem Moment daran hindern. Hindernisse, wo kommen sie her? Entsprechen sie unserer Wirklichkeit? Sind sie nicht nur ein Ergebnis unserer Angst? Denkt darüber nach!

Lasst uns fortfahren. Ihr steht also auf diesem Spielplatz und bemerkt, wie die Panik in euch hochsteigt. „Mein Gott, was kann alles passieren!", ruft ihr aus. Panikartig versucht ihr euer Kind, das mit eiligen Schritten dieser Rutsche zustrebt, einzuholen. Wie gesagt, es läuft sehr schnell, ohne nur eine Sekunde daran zu denken, sich umzuschauen.

Natürlich seid ihr heute nicht so gut in Form. Ihr habt schlecht geschlafen, eine anstrengende Woche liegt hinter euch. Und zu allem Übel ist das Mittagessen mal wieder viel zu üppig ausgefallen.

Schweren Schrittes und vollkommen außer Atem versucht ihr euer Kind einzuholen. Doch bis ihr es erreicht habt, ist es schon auf dieser „rutschigen" Leiter. Sicheren Schrittes steigt es nach oben, freudestrahlend und jubelnd, dass es sein Ziel erreicht hat. Nur ihr seid nicht sehr erbaut darüber. Was „hätte" alles passieren können!

Und so denken leider viele von euch. Ihr habt weder die Zuversicht noch das Vertrauen, dass es gut gehen kann. Und ganz so nebenbei bringt ihr euch um jede Menge Spaß. Habt ihr verstanden, um was es geht?

Bedenkt immer, jeder Schritt kann ein Wagnis sein, wenn ihr Angst habt. Jeder Schritt kann eine Herausforderung sein, wenn ihr keine Zuversicht habt. Und jeder Schritt wird unmöglich sein, wenn ihr kein Vertrauen habt. In diesem Sinne!

Betrachte noch einmal, was du bei unserem Beispiel beobachten konntest. An dir, an deinem Kind und der damit verbunden Aktion. Die Angst, die in dir zum Vorschein kam. Die Unruhe, die du spürtest.

Betrachten wir nun das Wort Unruhe. Es ist eine bestimmte Form von Regung, die in jedem Einzelnen von euch von Zeit zu Zeit auftaucht. Ein tägliches Auf und Ab eurer Zuversicht, begleitet oftmals von dem Gefühl „heute funktioniert gar nichts".

Yin und Yang, so nennen wir das. Der Fluss der Energie. Ein Thema, das wir etwas intensiver betrachten möchten.

Yin, was ist damit gemeint? Der Fluss weiblicher Energie, etwas Weiches und Zartes, etwas, was Veränderung bringt. Änderung, ein Wort mit der Bedeutung aus „anders sein und werden".

Unser Leben ist gezeichnet von Veränderung. Sehen wir es als Bewegung einer Welle. Die Welle schwillt an, die Welle flacht ab. Ein Schwung, eine Art der Bewegung, der auf eine gewisse Weise Beschleunigung verursacht. Schwung, eine Form von Bewegung, die mit Schnelligkeit zusammenhängt. Es hängt auch davon ab, was diesen Schwung hat. Ist es ein schwerer Körper, der viel mehr Last oder Gewicht hat als etwas Leichtes, etwas, das weniger Schwung braucht, um in Bewegung zu kommen.

Betrachten wir noch einmal dieses Beispiel eures Kindes. Es läuft auf diesen Spielplatz in Richtung Klettergerüst. Mal abgesehen davon, dass es klein und leichtgewichtig ist, hängt es aber auch davon ab, mit was für Ambitionen ihr das Gewünschte angeht. Habt ihr das Vertrauen, dass es euch gelingen wird? Habt ihr die Zuversicht, dass ihr es schaffen könnt? Die innere Leichtigkeit – gemeint ist innerlich „Ja" zu sagen oder „Ich mach das!", so werdet ihr mit dieser Leichtigkeit wesentlich mehr erreichen als mit der Angst zu versagen.

Angst ist der Auslöser für Schwere und Blockaden, für jene Schwierigkeiten, die euch daran hindern, das umzusetzen, was ihr euch eigentlich wünscht. Ich sage deswegen eigentlich, da es zwar in euch steckt, aber noch keine spürbare Wichtigkeit vermittelt, es umzusetzen.

Eigentlich ein Begriff für „Ich könnte", aber „Ich könnte auch nicht!" Keine klare Aussage, kein klarer Wunschgedanke, der euch dazu veranlasst, nicht hinzuhören. Habt ihr verstanden, um was es geht?

Wir waren bei Yin und Yang. Yang zu erleben bedeutet auch die Stagnation von etwas zu erleben. Sinnbildlich gesprochen, der ruhende Pol. Da, wo etwas unruhig, dynamisch und beweglich ist, sollte auch immer wieder der Punkt der Ruhe kommen. Ruhe gleicht Dynamik und Bewegung aus. Yin und Yang. Yang eine sehr männliche Komponente. Bedenkt bitte, ihr lebt in der Dualität. Dem Für und dem Wider, ja, so ist das Prinzip. Alles hat seine Berechtigung. Angst jedoch, sollte nie der Grund für Stagnation sein! Angst ist etwas zerstörerischer, wenn sie im alltäglichen Leben Überhand bekommt.

Die Angst in lebenswichtigen Situationen hat durchaus ihre Berechtigung. Wenn ihr um eure Leben kämpft! Ich hatte bereits beschrieben, wann Angst wichtig ist.

Sehen wir uns nun eure Position in unserem Beispiel noch einmal an. Wie du sehr bleiern schwer, und das nicht nur wegen deiner mangelnden körperlichen Kondition und des schweren Magens, versuchst den Anschluss an dein Kind zu bekommen. Auch deine Angst wird dafür sorgen, dass dir dieser Weg sehr weit erscheint. Jeder von euch kennt diesen Traum. Ihr lauft und lauft, und ihr könnt machen, was ihr wollt, je schneller ihr lauft, desto weiter wird der Weg. Kennt ihr diesen Traum?

Sinnbildlich gesprochen für eure Ängste mit der Aufforderung, diese zu betrachten. Macht euch das Leben nicht so schwer. Mut und Zuversicht, das ist die Leichtigkeit, mit der ihr gehen müsst.

Mut, den viele von euch nicht haben. Was hält euch davon ab? Mut zu haben ist keine Kunst. Mut zu haben bedeutet manchmal

den Sprung ins kalte Becken. Den Mut zu haben, etwas umzusetzen, sorgt für euer Sättigungsgefühl. Etwas gewagt und getan
zu haben, wo ihr einen kurzen Moment über euch hinauswach-
sen musstet. Ist das denn so schwierig? Ich sage Nein, vorausgesetzt ihr denkt positiv.

Seid gegrüßt,
im Namen Gottes und seines Sohnes Sananda!

Epilog

Als die geistige Welt sich eines Tages bei mir meldete, um mich zu fragen, ob ich Lust dazu hätte, mit ihnen ein gemeinsames Buch zu schreiben, wusste ich bis zu diesem Zeitpunkt noch nicht, welch großen Einfluss dieses Buch auch auf mich haben würde. Und dabei spreche ich nicht von der Arbeit, vielleicht auch der Mühe, die ich auf mich nahm, um dieses Werk, gemeinsam mit Sananda und dem universalen Seelenrat, niederzuschreiben. Es waren eher ihre Weisheiten, die sie in diesem Buch zum Besten geben, die abgestimmt auf das tägliche Leben natürlich auch meine Problemzonen ansprachen.

Was ich sehr hilfreich für meine eigene Bearbeitung dieser Problemzonen empfand, war, dass sie es tatsächlich auf meinen Wunsch hin schafften, mit einer sehr einfachen Art und Weise Zusammenhänge zu erklären und somit, und fast ganz nebenbei, auch wertvolle Tipps für die Umsetzung ihrer Ratschläge vermittelten. Darauf zu hören, es zu integrieren und auch umzusetzen hat mein Leben im Wesentlichen verändert und ist auch heute noch, durch die Weitergabe meines Erlernten, ein wichtiger Bestandteil in meiner Arbeit als Psychotherapeutin, als Medium und als Geistheilerin.

Durch sie lernte ich nicht nur, mit den Widrigkeiten des Lebens anders umzugehen und sie besser zu verstehen. Was ich noch dabei erfuhr, war, dass alles aus einem ganz bestimmten Grund geschieht. Dass der Grund oder vielmehr der Auslöser, hervorgerufen durch unser Denken, unsere Haltung und daraus resultierende Handlungen, ganz automatisch die Gesetze des

Universums aktiviert. Dass es nur der Mensch allein ist, jeder für sich als Einzelner, aber auch wir in unserem Kollektiv, die unser Leben, hier auf der Erde, im Wesentlichen beeinflussen.

Die Dualität lehrt uns die gegenseitigen Pole zu verinnerlichen, und in Verbindung mit den Gesetzen „Ursache und Wirkung" und dem Gesetz der Resonanz werden wir eine sehr lange Zeit (linear betrachtet) damit zu tun haben, die Folgen dieser Gesetzgebung in unser Bewusstsein zu integrieren. Das wird unweigerlich dazu führen, dass wir ab einem bestimmten Lernlevel verantwortlicher durch unser Leben gehen werden. Und irgendwann und zu der für uns genau richtigen Zeit werden wir uns durch die irdischen Wirren „durchgearbeitet" und die wahre Liebe verinnerlicht haben. Das ist unser gemeinsamer Weg, so gleich und trotzdem sehr individuell.

Ich hoffe, du hattest beim Lesen viel Freude und Erkenntnisse, und wenn möglich, kannst du jetzt das Geschriebene in dein tägliches Leben integrieren und umsetzen.

Es ist der erste Teil einer Reihe, deren Folgeschriften ich genau zur richtigen Zeit an die Öffentlichkeit weitergeben werde.

Ich danke der geistigen Welt für ihre Weisheiten, ihre Anteilnahme und ihre Bemühungen, auch wenn ihre Präsenz für manch einen nicht nachvollziehbar und unsichtbar erscheinen mag. Trotzdem versuchen sie unbeirrt tagein, tagaus, die schwierigen Erfahrungen hier auf dieser Erde, unserer Mutter Gaia, für uns ein Stück weit erträglicher zu machen.

Wir schicken dir einen lichtvollen Gruß.
Vanda mit ihrem geistigen Team

Die Autorin

Vanda de Luca wurde 1966 in Kaufbeuren im Allgäu geboren. Nach Abschluss der Realschule absolvierte sie von 1983 bis 1986 eine Ausbildung zur Krankenschwester. 2003 spezialisierte sie sich als Fachkrankenschwester für Gerontopsychiatrie. Ab 2011 begab sie sich in die Selbstständigkeit. De Luca arbeitet als Heilpraktische Therapeutin, Medium für die geistige Welt und als Heilerin. Zu den Lieblingsaktivitäten der Autorin gehören Lesen, Natur und Garten. Ihre Hochsensitivität empfindet sie als wichtiges Werkzeug und große Bereicherung für ihre Arbeit. Schon 2006 begann ihr schriftstellerischer Werdegang als Schreibmedium der geistigen Welt. 2023 veröffentlichte sie das Buch „Karma leben in der Praxis". Die Lehren und Weisheiten der geistigen Welt empfindet De Luca als große Hilfe und Bereicherung. Sie gibt sie von Herzen gerne weiter. Heute lebt die Autorin auf dem Land im Ostallgäu in Bayern. Sie ist verheiratet und hat zwei Söhne.

DER VERLAG

VIND⭕BONA
VERLAG · SEIT 1946

ein Verlag mit Geschichte

Bereits seit 1946 steht der Vindobona Verlag im Dienst seiner Bücher und Autoren. Ursprünglich im Bereich periodisch erscheinender Journale tätig, präsentiert sich der Verlag heute als kompetenter Partner für Neuautoren am deutschen, österreichischen und schweizerischen Buchmarkt. Engagement, Verlässlichkeit und Sachverstand – das sind die Grundpfeiler, auf denen der Verlag seit jeher sicher steht.

Sie möchten mit Ihrem Werk das vielseitige Verlagsprogramm bereichern? Der Vindobona Verlag garantiert Ihnen eine professionelle Prüfung Ihres Manuskriptes durch das Lektorat sowie eine zeitnahe Rückmeldung.

Genauere Informationen zum Verlag
finden Sie im Internet unter:

www.vindobonaverlag.com